21288

DISCOURS

SUR LA

CONSTITUTION DE L'ESCLAVAGE
en occident,

PENDANT LES DERNIERS SIÈCLES DE L'ÈRE PAÏENNE.

DISCOURS

SUR LA

CONSTITUTION DE L'ESCLAVAGE

EN OCCIDENT,

PENDANT LES DERNIERS SIÈCLES DE L'ÈRE PAÏENNE.

PAR P. DE St-PAUL,

SUBSTITUT DU PROCUREUR-GÉNÉRAL A MONTPELLIER.

MONTPELLIER,
JUILLET 1837.

J. MARTEL AÎNÉ, IMPRIMEUR,
A MONTPELLIER.

L'AUTEUR de ce discours entreprit, il y a quelques années, une histoire complète de l'esclavage en Occident. La première partie, qui devait embrasser les temps antérieurs à l'ère chrétienne, était déjà à peu près terminée; la seconde s'avançait, lorsque, au milieu des longs travaux que l'exécution de son projet avait imposés à l'auteur, et dont le cercle s'agrandissait tous les jours devant lui, il se vit arrêté parce que les forces physiques lui manquèrent. Ce qu'il livre aujourd'hui au public, n'est que le résumé de la première partie du travail qu'il a été forcé d'interrompre. On y trouvera, avec l'indication des faits principaux qui peuvent servir à caractériser l'esclavage antique, l'énoncé des idées générales que l'étude consciencieuse de son sujet a suggérées à l'auteur, ou dont elle lui a donné la plus entière confirmation.

Avant de pousser plus loin ses travaux, l'auteur a voulu recueillir quelques avis sur la direction qu'il avait suivie, sur la forme qu'il avait adoptée. Si quelques érudits, si quelques hommes accoutumés à l'étude des idées élevées, prenant en considération les longs efforts auxquels il s'est livré, daignaient, par une critique sévère, signaler les erreurs et les oublis dans lesquels il a pu tomber, et lui indiquer des voies nouvelles d'étude et de méditation, le but qu'il s'est surtout proposé en publiant cet écrit serait atteint. Il croit cependant devoir rappeler que les limites étroites qu'il s'était prescrites ne lui ont pas toujours permis de traiter, avec toute l'étendue qu'elles auraient exigée, certaines parties de son sujet encore mal connues. Il espère que le soin qu'il a pris d'indiquer par des notes, et pour chaque fait, les sources où il a puisé, fera voir qu'il n'a rien avancé à la légère.

Il ne se dissimule pas qu'une nouvelle étude de l'antiquité, après tous les écrits dont elle a déjà été l'objet, obtiendra difficilement quelque faveur. Le sujet qu'il a choisi a cependant le privilége de préoccuper depuis quelque temps beaucoup d'esprits sérieux. M. Granier de Cassagnac, dans la *Revue de Paris* *, M. Sauteyra, dans les Publications du *Congrès historique* **, en ont traité quelques parties d'une manière digne d'attirer sur lui l'attention publique. L'académie des sciences morales et politiques a mis au concours, pour cette année, l'histoire de l'abolition de l'esclavage antique, qu'il est également impossible et de bien traiter et de bien comprendre, si on ne connaît d'abord d'une manière complète ce que c'était que l'esclavage antique, avant que l'œuvre de son abolition successive eût déjà pris un large développement.

L'auteur espère, d'ailleurs, que tous les esprits réfléchis ne tarderont pas à reconnaître que la grande question qui est aujourd'hui au fond de toutes les autres, est aussi celle qu'il a eue constamment en vue. S'il l'a transportée si loin des temps modernes, c'est qu'afin de pouvoir l'étudier avec une pleine liberté d'esprit, il a voulu se placer hors de la sphère des influences que les intérêts et les passions du présent exercent sur tous les hommes (souvent à leur insu), lorsqu'il s'agit d'apprécier des événements dont les conséquences ont pu ou peuvent encore les atteindre.

* Août 1836. ** Tome 1.

DISCOURS

SUR

LA CONSTITUTION DE L'ESCLAVAGE

EN OCCIDENT,

PENDANT LES DERNIERS SIÈCLES DE L'ÈRE PAÏENNE.

Un résumé substantiel et rapide de ce que nous savons sur la constitution de l'esclavage antique manque à notre langue; on pourrait dire qu'il manque à la science. Aucun auteur ancien ne paraît avoir jugé que ce sujet fût digne de son attention. Des nombreuses histoires générales ou particulières du monde antique qui sont sorties de la plume des modernes, aucune ne l'a traité d'une manière sérieuse. Le peu qu'ont écrit les érudits des derniers siècles, soit sur son ensemble, soit sur ses détails, est devenu si rare aujourd'hui, que c'est pour nous comme s'ils l'avaient entièrement négligé.

Les dissertations latines de Pignorius et de Popma sur les esclaves des Romains, de Guillaume de Loon sur les affranchissements, de Juste-Lipse sur les saturnales, de Laurentius sur les courtisanes, reproduites dans les Trésors des antiquités grecques et romaines ; le traité de Jugler sur le commerce des esclaves chez les anciens [1], que je n'ai pu trouver qu'à la bibliothèque de l'arsenal à Paris, et que M. Blair, dans l'ouvrage dont je vais parler, déclare n'avoir pas pu se procurer ; quelques autres encore (la plupart de peu de valeur) dont j'indiquerai ailleurs les titres : voilà tout ce que j'ai pu trouver d'écrits anciens relatifs au sujet que je me proposais de traiter. Ce sont pour la plupart des recueils de citations sans lien, sans unité, sans but, qui confondent tous les temps, associent les idées les plus disparates, fastidieux à lire, et malgré la vaste érudition de leurs auteurs, très-incomplets encore. Des traités ou dissertations d'Estor, d'Hyp. Bonacossa, de Mizellius et de Toerner sur les esclaves des anciens, de Joachim, de Schacher et de Velazquez sur les affranchissements, de Gudling et de Vadianus sur les mariages des esclaves, je n'en sais que les titres, et seulement pour les avoir trouvés indiqués, avec quatre ou cinq autres, dans la Bibliothèque juridique de Lipenius [2]. Je les ai vainement demandés dans vingt bibliothèques publiques, soit à Paris, soit dans le reste de la France ; je ne les ai jamais vu cités nulle part.

L'histoire de l'esclavage en Grèce de M. Reite-

---

[1] Ανδραποδοκαπηλειον *sive de nundinatione servorum apud veteres.* Lips. 1748. — [2] Martini Lipenii *Bibliotheca realis juridica.* Lipsiæ 1757, 2 vol. in-f°.

meier [3], les recherches de M. Blair sur l'état de l'esclavage chez les Romains [4], sont comme inconnues en France et n'y ont jamais été traduites. OEuvres consciencieuses et pleines d'érudition, ces deux écrits ne m'ont cependant pas satisfait. L'esclavage n'est pas un fait grec ou romain : c'est un fait commun à tout le monde antique, c'est la base commune de toutes les sociétés établies en Occident avant les temps modernes. L'étudier en Grèce ou à Rome ne peut donc suffire. Il est vrai, sans doute, que ce n'est que là qu'il peut être complétement étudié ; mais de ces travaux particuliers, il faut, après comparaison avec ce que l'on sait au-delà, conclure au général et trouver une formule qui puisse s'appliquer pour tout le monde antique à l'esclavage, qui lui-même était commun au monde antique tout entier. De plus, les tableaux que MM. Reitemeier et Blair font de l'esclavage grec ou romain, ils en empruntent les traits à tous les temps, à ceux qui virent tomber Troie et à ceux qui virent tomber Rome.

Je me suis tracé un cercle plus large dans l'espace, mais plus étroit dans le temps ; j'ai étudié l'esclavage sur toute la face de cette partie de l'Europe, qui fut un jour le monde romain : la Grèce, l'Italie, l'Espagne, les Gaules et la lisière de la Germanie. Mais il m'a semblé qu'étudier l'esclavage après la constitution

---

[3] *Geschichte und zustand der sklaverey und leibeigenschaft in Griechenland.* Berlin 1789. — [4] *An inquiry into the state of slavery amongst the Romans......* Edinburgh 1833.

de l'unité de l'Occident sous le nom d'empire romain, c'était courir le risque de ne rencontrer partout que l'esclavage créé, importé, réglementé, modifié par Rome, de ne voir, enfin, qu'une institution romaine. On a d'ailleurs si souvent répété que la religion chrétienne avait aboli l'esclavage en Occident, qu'il m'a semblé encore que pour se faire une idée exacte de ce qu'il y avait été lorsqu'il était en toute sa force, il fallait remonter à un temps antérieur à celui où le christianisme s'est établi.

Je me suis arrêté aux derniers siècles de l'ère païenne. A cette époque, le monde antique, quoique déjà menacé et envahi par Rome, est encore bien lui-même; tous ses éléments, bien que quelques-uns branlent déjà, sont encore debout. Toutes ses races, toutes ses langues, toutes ses mœurs, toutes ses formes politiques, toutes ses individualités enfin, si multiples, si variées, si près qu'elles soient de leur mort, vivent encore de leur propre vie. L'esclavage, considéré comme rouage social, est vieux sans doute, mais il est intact. Descendre au-delà des derniers siècles de l'ère païenne, ce serait s'exposer à n'avoir à écrire dès l'abord que l'histoire de l'extinction successive de l'esclavage en Occident; remonter au-delà, ce serait peut-être écrire ses origines. Là seraient deux magnifiques sujets. Je dirai un mot du dernier, mais je réserverai de parler du premier pour d'autres temps, si mes forces me le permettent. Entre ces deux sujets, il en était un troisième : décrire ce que fut l'esclavage en

Occident, après qu'il y fut sorti des temps de ses origines et avant qu'il fut arrivé à l'âge de ses décadences, et c'est celui-là seul que je me propose de traiter.

Ainsi restreint, ce sujet est encore vaste et beau. Quelque vagues que soient les idées généralement répandues sur la constitution de l'esclavage chez ces peuples du monde antique, dont les nations modernes de l'Europe occidentale sont les représentants et les héritiers directs, il n'est personne qui ne sache que, chez eux, la classe des esclaves représentait ce que sont parmi nous les classes inférieures, les classes laborieuses et pauvres. Faire avec exactitude de ce qu'était celle-là dans le monde antique, un tableau, facile à comparer avec ce que celles-ci sont aujourd'hui, n'est-ce pas aborder de front la grande question de savoir, si dans ce mouvement successif de l'humanité qui constitue son histoire, les masses, le grand nombre ont gagné ou perdu; n'est-ce pas le meilleur moyen de la résoudre?

J'examinerai successivement quelles furent en Occident, pendant les derniers siècles de l'ère païenne :

Premièrement, la fonction sociale de l'esclavage, c'est-à-dire la part qui lui était assignée partout pour mode d'activité, l'œuvre par laquelle on reconnaissait son identité chez tant de nations si différentes par leurs origines, leurs mœurs, leurs idées, leurs lois, leurs organisations politiques;

Secondement, la nature des éléments dont se composait la classe esclave, ce qui embrasse les questions de savoir : quelle était la proportion qui pouvait exister entre le nombre des hommes qui étaient esclaves, et le nombre de ceux qui ne l'étaient pas ; et comment on devenait esclave ;

Troisièmement, enfin, la condition des esclaves dans l'état et dans la famille, telle que la faisaient, même après l'affranchissement, les lois, les mœurs, les idées.

Je dirai ensuite quelques mots des causes qui avaient produit l'état des choses que j'aurai décrit, des révolutions qui s'étaient opérées au sein de l'esclavage depuis son établissement en Occident, et enfin, des éléments de révolutions nouvelles qui y fermentaient encore.

CHAPITRE PREMIER.

DE LA FONCTION SOCIALE DE L'ESCLAVAGE DANS LE MONDE ANTIQUE.

Généralités. — Le travail chez les anciens. — L'agriculture. — L'industrie. — La domesticité. — Les services publics.

I. Ce qu'il faut étudier d'abord d'une institution quelconque, c'est sa fonction dans l'ordre social. Par elle seule, il est possible de reconnaître, chez vingt nations, sous la variété des noms et des formes, l'identité de l'institution. L'éphorat de Sparte, le patriciat de Rome, l'organisation du corps des druides de la Gaule sont des institutions propres à chacun de ces états. Elles trouvent en dehors d'eux des institutions analogues; elles n'en trouvent aucune qui leur soit identique, aucune dont elles puissent prendre le nom, sans altérer sa signification, ou perdre elles-mêmes quelqu'un de leurs attributs essentiels. Pour pouvoir parler avec vérité du monde antique, nous avons dû recevoir dans notre langue les noms d'éphore et de censeur, de consul et d'archonte, de druide et de pontife; nous avons dû conserver le nom de patricien à côté de celui de noble, parce que, bien que les institutions désignées par ces mots eussent entre elles les plus grandes analogies apparentes, leurs fonctions sociales n'en différaient pas moins essentiellement. De tous les mots qui servaient aux Grecs, aux Romains, aux Gaulois, aux Ibériens, aux Germains, à tous les peuples de l'ancien monde, pour désigner les hommes de la classe inférieure, nous n'en avons, au contraire, conservé aucun. Le seul nom d'esclave, mot tout moderne, né au moment où la chose qu'il devait nommer allait finir, nous a suffi. Il nous sert à traduire le *doulos* des Grecs, le *servus* des Romains, l'*ambacht* des Gaulois, le *lit* des Germains, parce qu'encore que, selon les lois et selon les mœurs de ces divers peuples, la condition des hommes que nous désignons sous le nom d'*esclaves* fût loin d'être absolument la même, l'institution, en vertu de laquelle tous ces hommes étaient ce qu'ils étaient, partout était identique par sa fonction dans l'ordre social.

Cette fonction c'était le travail. Dans tout ce qui

va suivre, ce mot me servira à désigner exclusivement l'action que l'homme est dans la nécessité d'exercer sans cesse sur le monde extérieur, pour le faire servir à la satisfaction de toutes les exigences de ses besoins.

La destinée de l'homme est d'agir sans cesse à la fois et sur lui-même et sur le milieu qui l'environne. A chacun des développements de son être est lié, comme condition ou comme résultat, mais toujours d'une manière nécessaire, un développement nouveau de sa puissance d'action sur le monde extérieur. Son intelligence et sa force grandissent ensemble, inséparablement unies dans leurs progrès, parce que lui-même il est un. Le développement du travail dans la société est donc aussi nécessaire à l'homme pour l'accroissement des forces de son intelligence, que l'est le développement de la vie civile, de la science, de l'art; lequel est lui-même également indispensable pour l'agrandissement de la puissance de l'homme sur son milieu. Ceci, l'histoire de tous les peuples l'atteste. Il est cependant vrai que, tandis que la vie civile, l'art, la science développent surtout les forces morales de l'homme, c'est-à-dire sa puissance sur lui-même, le travail développe surtout ses forces physiques, c'est-à-dire sa puissance sur le monde extérieur. De-là, dans l'ordre social, chez tous les peuples, dans tous les temps, et jusque de nos jours, l'infériorité du travail à l'égard des autres modes de l'activité humaine.

II. Tout ce que l'histoire nous a transmis sur l'organisation du travail chez les diverses nations qui occupaient l'Europe pendant les derniers siècles de l'ère païenne, s'accorde à nous faire voir le travail d'autant moins en honneur et en même temps d'autant moins développé chez chacune d'elles, que les lumières et la civilisation y étaient moins grandes. Nomades et ne vivant que du produit de leurs troupeaux ou de brigandages, les nations scythiques étaient à peu près étrangères à l'industrie, au commerce, à l'agriculture. Simples et sauvages dans leurs mœurs, le peu de travail matériel dont elles avaient besoin était exécuté par les femmes et les esclaves [1]. Plus près de la civilisation peut-être, quoique encore peu adonnés du temps de César à la culture des terres [2], les Germains professaient pour le travail un profond mépris. Près de deux siècles après que leurs communications de chaque jour avec les Romains de l'empire avaient dû leur faire connaître les heureux fruits du travail, « ils tenaient encore pour honteux et lâche d'acquérir au prix de leurs sueurs ce qu'ils pouvaient avoir au prix de leur sang ; ne trouvant que la guerre qui fût digne d'occuper l'activité d'un homme libre, ils consacraient le temps de la paix à la chasse, à l'oisiveté, au sommeil, à de longs festins ; chacun ayant alors d'autant plus de droit à se livrer à la paresse

---

II. [1] Hérodote, IV; Strabon, XI. — [2] *Agriculturæ non student.* Cæsar, *de Bello Gallico*, VI. 22 ; *neque multùm frumento.... vivunt.* IV. 1.

qu'il s'était montré plus brave à la guerre. Tous les travaux étaient abandonnés aux esclaves, sous la surveillance des femmes, des infirmes, des vieillards et d'un petit nombre d'affranchis [3]. »

Quoique plus civilisés que les Germains, les Gaulois regardaient aussi comme honteux toute espèce de travaux, même l'agriculture [4]. Accablés de dettes, de tributs, d'oppression, de mépris, les hommes des castes inférieures se sentaient eux-mêmes si près de la classe esclave, dont César semble avoir eu quelque peine à les distinguer, qu'un grand nombre d'entre eux, pour se soustraire à des maux plus grands, en acceptaient volontairement la condition [5]. En Espagne, les Tartessiens, qui formaient parmi les indigènes le peuple le plus éclairé, rapportaient à leur premier législateur, Habis, la loi qui parmi eux interdisait à tous les citoyens l'exercice d'une profession laborieuse, quelle qu'elle fût, les qualifiant toutes de serviles, c'est-à-dire uniquement faites pour des esclaves [6]. Demi-sauvages, les Lusitains et les Cantabres placés à l'extrémité occidentale de l'Europe, comme les Scythes à son extrémité orientale, comme eux se faisant gloire de ne vivre que de brigandage, confiaient à leurs femmes et à leurs esclaves le peu de travaux auxquels ils avaient recours [7].

---

[3] Tacitus, *Germania*, 14-17. — [4] *Galli turpe esse ducunt frumentum manu quærere.* Cicero, *de Republica*, III. 6. — [5] Cæs., *Bel. Gall.*, VI. 13. — [6] Justinus, XLIV. 4. — [7] Id. *ibid.*, 3.

De sorte que l'on peut tenir pour vrai que chez toutes ces nations, que les Grecs et les Romains confondaient avec mépris sous le titre de barbares, le travail, demeuré comme à son minimum et de puissance et de considération, était tout entier entre les mains ou des esclaves seuls, ou d'eux et des femmes à peu près traitées en esclaves.

Placées au milieu de cette vaste enceinte de nations ennemies, la Grèce et l'Italie avaient marché en même temps vers un développement immense et de l'intelligence et du travail. Mais quelque intimement liés que pussent être ces deux éléments de leur civilisation, le travail n'en était pas moins demeuré en mépris au milieu d'elles. Tout ce qui avait conservé les vieilles mœurs, avait gardé pour lui cette répugnance dédaigneuse que l'on trouvait chez tous les barbares. Les Crétois et les Etoliens, de tous les peuples Grecs les plus fidèles aux institutions antiques, tenaient toujours le brigandage comme plus honorable que le travail, quel qu'il fût [8]. A Lacédémone, l'agriculture elle-même était réputée indigne d'un homme libre [9]. Ce que l'on admirait le plus dans sa constitution, réformée par Lycurgue sur le modèle de celle des cités crétoises, c'était « ce « grand loisir qu'il avait fait avoir à ses citoyens, « ne permettant pas qu'ils se pussent appliquer ou « employer à un métier quelconque, et faisant même « travailler leurs terres par des esclaves [10]. » A

[8] Cic., *l. c.*— [9] Platon, *la République*, VIII.— [10] Plutarque, *Lycurgue*, 52.

Thèbes, on n'admettait aux priviléges du citoyen l'homme qui avait exercé une profession laborieuse quelconque, que dix ans après qu'il avait cessé de le faire [11]. En Thrace, en Macédoine, en Thessalie, une distance immense séparait du noble, du citoyen, tous ceux qui se livraient au travail [12].

Cette idée de l'infériorité nécessaire et du travail et des classes laborieuses avait tant d'empire chez les Grecs, qu'au sein de la démocratique et industrieuse Athènes, l'orateur Diophante osa proposer un jour de faire de tous les artisans des esclaves publics, ainsi que cela était à Epidamne, et que le voulait Phaléas pour sa république [13]. A Athènes cependant, comme à Corinthe, à Rhodes et dans quelques villes de la Grande-Grèce, le développement des richesses, leur concentration en quelques mains, et la pauvreté toujours croissante du grand nombre avaient fini par réduire à la nécessité du travail les rangs inférieurs de la classe libre. Il en avait été de même à Rome, où de bonne heure les travaux de l'agriculture avaient été mis en honneur. Mais cela même n'était regardé par les philosophes et par les hommes politiques, que comme une innovation funeste.

En vain Socrate avait-il recommandé l'agriculture comme une source de plaisirs purs, propres à fortifier le corps et à préparer l'âme à l'accomplissement

---

[11] Aristote, *la Politique*, III. 3. 4. — [12] Arist., *Polit.* passim. — [13] Arist., *Polit.*, II. 5. 13; Samuel Petit, *Leges atticæ*, v. 6. 1.

de tous les devoirs de citoyen [14], Platon, Aristote et tous leurs disciples s'accordaient avec les philosophes plus anciens [15], à ne pas vouloir que les citoyens de leurs républiques pussent s'y adonner. Seule à peu près, Rome s'honorait de l'amour de ses citoyens pour les travaux agricoles, mais elle condamnait tous les autres. En dépit des vieux priviléges que les lois du temps de la royauté accordaient à certaines corporations industrielles, Cicéron déclare formellement « honteuse et indigne d'un homme libre » toute profession laborieuse ; il n'excepte que les arts les plus élevés ou les plus utiles, tels que la médecine, l'architecture ; il ne fait grâce au commerce qu'à la condition qu'il procurera d'immenses bénéfices, promptement convertis en achat de propriétés immobilières [16].

Contre l'habitude du travail, les philosophes objectaient qu'elle énervait le corps et ôtait à l'âme toute son énergie [17]. Les hommes politiques la regardaient comme incompatible avec les exercices des devoirs du citoyen. « Celui qui est adonné au tra-
« vail, disait Xénophon, n'a plus le temps de rien
« faire ni pour ses amis, ni pour l'état : il devient et
« un mauvais concitoyen et un mauvais défenseur de
« la patrie [18]. » — « Dans notre cité, disait Platon,
« traçant le plan de sa république-modèle, tous les

---

[14] Xénophon, *Œconomicon*, v. — [15] Plat., *les lois*, VIII, *la Républ.*, II ; Arist., *Polit.*, VII. 8. 2 ; II. 4 et 5. *et aliàs*. — [16] *Illiberales et sordidi*. De officiis, I. 42. — [17] Xénoph., *Œcon.*, IV et VI. — [18] Xén., *loc. cit.*

« citoyens devront vivre dans le plus grand loisir [19]. »
— « On est universellement d'accord, disait Aristote, « que dans tout état bien administré, il faut que les « citoyens soient affranchis des soins qu'exigent les « besoins de première nécessité....... l'aisance « doit être leur privilége [20]. » Ce ne devait pas être trop de tout leur temps, pour que les jeunes gens pussent étudier convenablement la guerre, la gymnastique, la musique, les lois, la vertu; les hommes faits garder la cité et combattre pour elle; les vieillards présider aux jeux et aux sacrifices, diriger les affaires de l'état, surveiller la jeunesse, préserver surtout de toute atteinte les vieilles lois, les vieilles mœurs, tenir enfin le monde immobile.

Dans l'ordre des choses ainsi rêvé par les sages, la société devait être divisée en trois castes : la première, celle des citoyens, seuls guerriers, prêtres et magistrats, exclusivement investis des priviléges politiques, affranchis de toute participation au travail; la seconde, composée des agriculteurs et des artisans, exclus de tous les priviléges de la cité, libres pourtant; la troisième, celle des ouvriers, tous esclaves, c'est-à-dire considérés comme des bêtes de somme, comme des instruments, comme des choses.

Il ne faudrait pas croire que dans ces systèmes politiques, si complaisamment élaborés et décrits par les plus beaux génies de l'antiquité, tout ne fût

---

[19] *Les lois*, VIII. — [20] *Pol.*, II. 6. 2; VII. 9. 5.

que pure fantaisie. Telle avait été, en effet, l'organisation de tous les anciens peuples qui avaient civilisé l'Occident, des Egyptiens, des Pélages, des Etrusques; telle était encore l'organisation de toutes les sociétés demeurées fidèles aux vieilles mœurs; telle était encore aussi, à bien considérer le fond des choses, celle des cités même dont les philosophes déploraient le plus la marche vers un nouvel état social, qu'ils redoutaient d'autant plus, que ne lui trouvant rien d'analogue dans le passé, ils n'apercevaient rien dans ses premiers fruits qui leur promit un bel avenir.

Tandis qu'on admirait l'inaltérable calme intérieur de Sparte, demeurée fidèle aux institutions qui assuraient à chacun de ses citoyens une aisance exempte de travail, on voyait toutes les autres cités tombées dans le désordre et le trouble, depuis que le loisir et l'aisance manquant à leurs citoyens, ils s'étaient vus souvent et en grand nombre réduits par la nécessité à se faire hommes de travail. Corinthe, ville de commerce et d'industrie, était le séjour de tous les vices; Athènes était comme une proie livrée à tous les ambitieux, et souvent aux plus vils, aux plus corrompus, aux plus lâches; Carthage, encor plus adonnée au travail que toutes les autres cités de son temps, depuis qu'elle comptait dans son sein tant de travailleurs libres, n'avait plus de soldats que ceux qu'elle achetait, appui dangereux qui faillit un jour avancer sa ruine d'un siècle.

Dominés par les idées religieuses qui, chez tous

les peuples de l'Occident, faisaient du travail ou une peine infligée à l'homme pour quelque grand crime, ou une nécessité venue sur la terre avec le vice et la douleur; par le souvenir de l'antique état social où tout ce qui était libre était guerrier et rien de plus; par l'exemple des cités qui, comme Sparte, avaient conservé leurs vieilles constitutions; par la répugnance que chacun éprouvait à voir l'homme libre confondu dans les rangs des travailleurs avec l'esclave : le citoyen pauvre attendait, pour s'abaisser à travailler, que la nécessité vînt le contraindre; l'homme d'état ne s'occupait que de trouver les moyens de le faire vivre exempt de travail. A Athènes, à Rhodes, on en était venu à payer les citoyens pour les faire aller aux tribunaux ou à l'agora [21]; Carthage enrichissait ses pauvres en leur distribuant des emplois lucratifs dans les nombreuses villes soumises à sa domination; à Tarente, les riches s'étaient vus réduits à laisser leurs biens à la merci des citoyens pauvres [22]; à Rome, la multitude ne vivait plus, vers la fin de la république, que des distributions gratuites que lui faisaient les magistrats et les grands, ou du prix qu'elle tirait de ses suffrages quand on distribuait au *Forum* les grandes charges de l'état.

La constitution politique de toutes les cités s'opposait à ce que le citoyen pût être un homme laborieux. Presque toujours en guerre ou en fêtes, les

---

[21] Arist., *Polit.*, v. 5. — [22] Ib., iv. 4.

populations libres avaient, en outre, à s'occuper des affaires de la cité, à discuter et à voter sur la place publique, à siéger dans les tribunaux. Pour consacrer ainsi leur temps aux affaires de l'état ou à sa défense, il fallait que les citoyens ne fussent point assujettis à des travaux qui réclamassent de leur part une assiduité continue. Ils pouvaient à la rigueur être artistes, chefs d'atelier, artisans même; diriger les travaux de leurs champs, et les plus pauvres les exécuter de leurs mains, entre deux campagnes militaires et lorsqu'il n'y avait pas d'assemblée du peuple; ils ne pouvaient être manouvriers, réduits à attendre du travail de chaque jour leur pain de chaque jour. La dépendance, où le salaire place celui qui le reçoit à l'égard de celui qui le paie, blessait d'ailleurs trop profondément les idées d'égalité, sur lesquelles reposait l'organisation de toutes les cités, pour que le mercenaire, celui qui vendait, comme dit Cicéron, son travail et non son art [23], pût être jugé digne des priviléges du citoyen. De-là, le mépris d'Athènes pour ses thêtes, aussi peu nombreux qu'avilis; de Rome pour ses prolétaires, qu'elle ne daignait pas même admettre dans ses légions.

Dans les cités où le travail avait pris le plus de développement, la plupart des commerçants, des chefs de travaux industriels, des artisans, n'appartenaient même pas à la classe des citoyens. Le plus

---

[23] *Quorum operæ non artes emuntur.* Cic., *l. c.*

grand nombre d'entre eux faisait partie d'une classe particulière d'hommes libres mais privés de tout droit politique, soumis partout à des humiliations, à des exactions fréquentes. Appelés ici *métèques*, ailleurs *inquilins*, étrangers domiciliés, citoyens imparfaits ; par l'infériorité de leur condition forcés à se créer eux-mêmes des ressources par le travail, mais pour le faire ayant tout leur temps, exclus qu'ils étaient de la vie publique et souvent des armées, ces hommes devenaient pour les citoyens, dans l'exercice des professions industrielles, des concurrents redoutables, et comme une cause de plus pour les tenir éloignés de toute espèce de travaux. Quant aux ouvriers proprement dits, autant dans la sphère de l'industrie que dans celle de l'agriculture, ils étaient on peut dire tous esclaves.

Dans l'état normal, le travail matériel, celui qui ne demandait à son agent que de l'obéissance et de la force, était la véritable fonction sociale de l'esclavage et de lui seul. Les économistes ne comprenaient pas que l'ouvrier, qu'ils appelaient un instrument d'usage, pût ne pas être, comme l'outil, par eux appelé instrument de production, la propriété de l'homme qui avait à se servir de l'un et de l'autre [24]. Les habitudes orgueilleuses des hommes libres, leur assujettissement à des devoirs publics, qui pouvaient à chaque instant les réclamer, rendaient d'ailleurs l'ouvrier de condition libre moins

[24] Arist., *Polit.*, I. 2, 2.

maniable que l'esclave, quoique d'un emploi plus coûteux, ainsi qu'on le verra ailleurs. (III. III. 4.)

Il y avait donc toujours en réalité, même là où les vieilles mœurs semblaient le plus altérées, trois classes distinctes : celle des citoyens, pour qui l'état d'homme de travail, si ce n'est peut-être quand il s'agissait de cultiver ses propres champs, n'était jamais qu'un état anormal ; celle des hommes libres, mais étrangers à toute espèce de droit politique, vouée à tout ce qui dans le travail exigeait l'emploi de l'intelligence unie au bon vouloir, représentée chez les peuples barbares par les femmes, les infirmes, les vieillards ; celle des esclaves, enfin, partout à peu près seuls chargés de tout ce qui n'exigeait, comme dit Aristote, que l'usage des forces corporelles [25]. Sans être absolument tranchée, la ligne de démarcation était demeurée réelle. Les dérogations à la loi générale de la distribution du travail entre les diverses classes, se faisaient d'ailleurs compensation l'une à l'autre ; car si l'homme libre, et celui-là même qui jouissait de tous les droits de la cité, descendait parfois jusqu'aux travaux de l'ouvrier, l'esclave aussi parfois s'élevait jusqu'à devenir artisan, chef de travaux, commerçant, artiste enfin. De ces deux choses, la seconde était même plus fréquente que la première, ainsi que va le faire voir une rapide esquisse de l'organisation intérieure du travail chez les na-

---

[25] *Polit.*, I. 1. 4 ; I. 2. 14 *et aliàs*.

tions les plus industrieuses et les plus riches. Le peu qu'il y avait à dire des barbares a été dit.

III. L'agriculture obtint de grands honneurs chez les anciens. Comme la guerre, elle eut ses dieux, ses rites, ses fêtes; elle fut chantée par Hésiode et par Virgile, célébrée par Cicéron, recommandée par les sages comme la mère et la nourrice de tous les arts [1], enseignée par les hommes les plus illustres, par Xénophon, Aristote, Théophraste et une foule d'autres philosophes grecs de toutes les cités et de toutes les sectes, par un Magon de l'illustre famille des Barca, par un Caton, un Saserna [2], un Varron; aimée, pratiquée enfin, sans parler de la vieille aristocratie romaine, par un Marius sept fois consul, par un Pompée surnommé le Grand [3].

Sous ces apparences magnifiques, sous les riantes couleurs dont Cicéron et Virgile ont su parer l'agriculture de leur temps, les traités spéciaux, les ouvrages sérieux que les anciens nous ont laissés sur cette matière, nous montrent partout l'esclavage, établi comme l'agent le plus essentiel de l'agriculture. « Le bœuf, dit Aristote, le bœuf tient lieu « d'esclave au pauvre [4]. » Tout commentaire sur ce passage important du meilleur observateur des choses de son temps serait superflu. « Pour cultiver « 240 jugères, plantées en oliviers, il faut, dit

---

III. [1] Xénoph., *Œcon.*, v. — [2] Varro, *de re rusticâ*, lib. I. — [3] Plinius, *Naturalis historiæ*, lib. XVIII. — [4] *Polit.*, I. 1. 6.

« Caton, treize esclaves, trois bœufs, quatre ânes,
« cent brebis, cinq vases à huile....... Pour cul-
« tiver une vigne de 100 jugères, il faut seize escla-
« ves, deux bœufs, trois ânes, trois pressoirs.... [5] »
Varron, classant méthodiquement les choses [6] nécessaires à la culture des terres, admet leur division en
instrument vocal, semi-vocal et muet : « Les escla-
« ves, dit-il, forment le premier, les animaux le
« second, les choses inanimées le troisième. »

C'est qu'aux champs ce n'étaient pas seulement les ouvriers proprement dits qui étaient esclaves. Chez les riches, les chefs des travaux, les surveillants, les gardiens, les chasseurs, les pêcheurs, les bergers enfin dont le genre de vie réclamait cependant tant d'indépendance, l'étaient aussi. Les lois tribuniciennes, renouvelées par César [7], qui voulaient qu'un tiers au moins des bergers des grands propriétaires de troupeaux fût de condition libre, même en cela n'avaient pu être ramenées à exécution. L'emploi des mercenaires était généralement condamné par les habiles ; ils conseillaient de ne les employer que dans les lieux stériles ou malsains, ou pour les travaux urgents de la moisson, de la fenaison, de la vendange [8]. Encore pour ceux-ci le riche faisait venir souvent à la campagne ses esclaves de la ville, ou en louait d'autres [9] plus do-

---

[5] Cato, *de re rusticâ*, 10 et 11. — [6] *Nunc dicam agri quibus rebus colantur.* Varro, *R. R.*, 1. 17 et 18. — [7] Suetonius, *Julius*, 42 ; Appianus, *Bel. civ.* 1. — [8] Varro, *loc. cit.*, et Columela, 1. 7. — [9] Demosthenes *in Nicostratum*; Cic., *pro Cæcina*, 20, *et Scriptores rei rust.* passim.

ciles et moins coûteux que des ouvriers libres. Dans quelques contrées, l'agriculture employait aussi comme ouvriers une certaine classe d'hommes dont il sera parlé ailleurs, les obérés, débiteurs insolvables, qui, pour se libérer envers leurs créanciers, les servaient à peu près comme des esclaves. Mais vers la fin de l'ère païenne, cette classe d'hommes ne donnait plus qu'un petit nombre de bras au travail, du moins dans le monde grec ou romain. Il n'était pas jusqu'aux fermiers de condition libre qui ne fussent décriés : Saserna disait d'eux que le plus souvent ils payaient leurs fermages en procès [10]. A Sparte, dans la Thessalie, dans la Crète, où toutes les terres étaient comme affermées, tous les fermiers étaient esclaves.

A Rome, où l'agriculture était plus honorée que partout ailleurs, il n'y avait plus, du temps de Varron, parmi les familles libres, que les petits propriétaires qui se livrassent eux-mêmes aux travaux de l'agriculture avec leurs enfants [11]. Mais les révolutions, la guerre, l'ambition, les humiliations attachées à la pauvreté, les tyrannies de l'homme puissant, les séductions du riche, le haut prix qu'il donnait des terres qui l'avoisinaient pour agrandir ses domaines, diminuaient chaque jour le nombre de ces familles [12]. Déjà commencé avant le temps des grandes conquêtes de Rome [13], le mouvement

---

[10] Colum., *loc. cit.* — [11] *Pauperculi cum suâ progenie.* Varro, I, 17. — [12] Sallustius, *Jugurtha*, 45; *ad Cæsarem*, 4. [13] Boeckh, *Economie politique des Athéniens*, I, IX.

qui poussait à la concentration des richesses immobilières fut encore puissamment accéléré par elles. Quand le tribun Philippe osait dire du haut de la tribune aux harangues, qu'il n'y avait pas dans Rome deux mille citoyens qui fussent dans l'aisance [14]; quand l'aîné des Gracches se sentait porté aux grandes entreprises qui le perdirent, par la seule vue de l'Italie, dépeuplée de citoyens et couverte d'esclaves [15], on était encore bien loin de l'état des choses qui, vers la fin de la république, couvrit d'immenses propriétés [16], à peu près uniquement cultivées par des esclaves, non plus l'Italie seulement, mais l'Espagne, la Gaule, l'Illyrie, la Grèce, l'Asie [17].

IV. Les mêmes causes produisirent dans la sphère de l'industrie les mêmes effets. C'était en vain que Solon et Numa avaient tenté, l'un pour subvenir à la stérilité du sol de l'Attique, l'autre pour effacer du milieu de son peuple les vieilles haines de races, de réhabiliter l'industrie [1]. A Athènes, à Rome et plus encore dans les autres cités, le commerçant, le fabricant, l'artisan étaient demeurés déprimés, humiliés à leurs propres yeux [2]. En tous lieux, contre le commerce et les arts

---

[14] *Qui rem haberent.* Cic., *de Offic.*, II. 21. — [15] Plutarque, *les Gracches*, 9. — [16] *Latifundia.* — [17] Varro, *R. R.*, I. 1. *et passim.*

IV. [1] Plut., *Sol.*, 42; *Numa*, 29. — [2] Voir, à ce sujet, une anecdote caractéristique dans la vie d'Agésilas, par Plutarque, n° 44.

mécaniques, les préventions étaient demeurées en quelque sorte dans toute leur force primitive. Cela pouvait tenir en partie à ce que, plus encore que l'agriculture, l'industrie avait besoin de l'emploi d'une grande masse de forces corporelles, car la pauvreté de ses moyens était extrême. La science ayant dédaigné de faire descendre ses applications jusqu'à l'industrie, les machines étaient à peu près inconnues. Dans les mines, on faisait les épuisements uniquement à bras d'homme [3]. Les puits des jardins de Suze, dont l'eau était élevée au moyen de roues mises en mouvement par des bœufs, passaient pour des merveilles [4]. Les meules dont on se servait pour la presse des olives et la mouture des grains, n'étaient généralement mises en mouvement qu'à force de bras [5]. Strabon et Vitruve qui, les premiers parmi les anciens, parlent des moulins à eau, le font plutôt comme d'une chose connue de la science que pratiquée par l'industrie [6]. Au défaut de machines, celle-ci suppléait par le grand nombre des travailleurs, par les fatigues et les privations qu'elle leur imposait. Or, plus un travail exigeait l'emploi de la force corporelle, et plus il était réputé servile [7], c'est-à-dire fait uniquement pour des esclaves.

Entre tous, les travaux des mines étaient re-

[3] Plin., *N. H.* XXXIII. 31. — [4] Plut., Quels animaux sont plus avisés, 60. — [5] Cato et Varro, *R. R. passim;* Heringius, *de molendinis veterum.* — [6] Strab., x; Vitr., x. 10. — [7] Arist., *Polit.*, 1. passim.

gardés comme les plus humiliants et les plus pénibles ; on n'y employait que des esclaves ou des condamnés, reconnus serfs de leur peine [8]. Il en était de même des travaux des carrières et de ceux des salines [9]. Les hommes employés à faire mouvoir l'*antlia* [10] ou les roues des moulins, étaient aussi tous esclaves [11]. Ce qu'on a dit de Plaute et du philosophe Cléanthe, que pour vivre ils avaient été réduits à tourner la meule, est une exagération évidente : c'était déjà bien assez que le besoin eût pu confiner ces beaux génies à travailler dans un moulin comme surveillants ou comme scribes.

Tous les détails qui nous ont été transmis sur les divers ateliers industriels, dont il est parlé dans les ouvrages anciens, prouvent que les ouvriers des manufactures et des fabriques étaient tous esclaves. C'était la condition des ouvriers que le père d'Isocrate employait dans sa fabrique d'instruments de musique [12], de ceux qu'employaient Lysias et son frère dans leur fabrique d'armes de guerre [13], Pasion dans sa fabrique du même genre [14], Pantœnètes dans sa forge [15], le père de Démosthènes dans ses deux manufactures, l'une d'armes, l'autre de siéges [16], Eschine le philosophe dans sa parfume-

---

[8] *Servi pœnæ;* Xénoph., *Des revenus.* Diod. Sic. III. 12; v. 36; Héron de Villefosse, *Traité de la richesse minérale*, 1. 410. — [9] Ibid. et Plaut., *Captivi* passim. — [10] Casaubonus ad Suet. Tiber. 51. — [11] Heringius, *op. cit.* et ubique apud veteres. — [12] Dyonisius Halyc., *de Isocrate.* — [13] Lysias *adv. Erat.* — [14] Demosth. *adv. Steph.* — [15] Id. *adv. Pantœn.* — [16] Id. *adv. Aphob.*

rie [17]. A Rome, Remnius Palémon, grammairien distingué, qui, d'abord esclave, avait été ouvrier tisserand, devenu libre avait formé un atelier d'ouvriers tailleurs, tous esclaves [18].

Indépendamment des hommes de cette condition, que possédaient en propre les manufacturiers et fabricants, beaucoup d'hommes riches possédaient des ouvriers esclaves, qu'ils louaient eux-mêmes à des entrepreneurs de travaux : c'était une manière de placer utilement ses capitaux. Nicias avait des mineurs [19], Conon des faiseurs de sacs et des parfumeurs [20], Aréthuse des savetiers [21]; le père de Timarque avait laissé à son fils dix ouvriers cordonniers, un ouvrier brodeur et une femme habile à tisser le lin et à vendre au marché de petits ouvrages [22]. C'était par le travail de leurs esclaves que le père de Périclès, qu'Hipponnicus et tant d'autres avaient fait leur fortune [23]. On tenait compte à Rome, dans l'immense fortune de Crassus, des cinq cents ouvriers en constructions qu'il louait à qui voulait bâtir [24]; dans celle d'Atticus, de ses ouvriers en différents genres, et surtout de ses copistes [25], car les copistes aussi n'étaient partout que des esclaves [26]. Dans la tutelle de Malléolus, Verrès n'avait pas négligé de s'approprier les ouvriers de

[17] Boeckh, I. 8. — [18] Suet., *de ill. gramm.*, 23. — [19] Athénée, VI. — [20] Demosth. *adv. Olympiod.* — [21] Id. *adv. Nicostr.* — [22] Eschines *adv. Timar.* — [23] Boeckh, I. 8. — [24] Plut., *Crassus*. — [25] Cornelius Nepos, *Atticus*, 13. — [26] Eschenbach, *de scribis*; Schœttgenius, *de librariis et bibliopolis veterum*; Ang. Maïo, *Préf. de la rép. de Cicéron.*

son pupille [27]. De simples artisans avaient eux-mêmes des ouvriers esclaves. « Que serait devenu « cet homme, dit l'orateur grec, en parlant d'un « riche affranchi, si, au lieu d'être acheté par un « banquier, il l'avait été par un cuisinier ou par « tout autre artisan [28]. »

Les commis et les employés des publicains, partout si riches et si nombreux, ceux des commerçants et enfin les matelots de la marine marchande étaient tous esclaves. Xénophon attribue la supériorité d'Athènes, comme puissance maritime, à ce qu'en temps de paix un grand nombre d'esclaves y sont employés par leurs maîtres comme matelots et comme pilotes [29]. Les hommes riches permettaient aussi souvent à leurs esclaves d'exercer une profession indépendante, moyennant une rétribution ou une part dans leurs profits. Celui-ci, comme le Pittalachus dont parle Eschine, était éleveur de coqs de combat [30]; celui-là tisserand; d'autres patrons de navires, marchands, négociants, banquiers [31]; d'autres, enfin, mathématiciens, grammairiens, rhéteurs [32], artistes, médecins [33]. Car s'il est vrai qu'à Athènes l'étude et la pratique des beaux-arts et de la médecine étaient interdites aux esclaves,

---

[27] Cic. *in Verr.*, I. 36. — [28] Demosth. *in Steph.*, I. — [29] Xénoph., *Républiq. d'Athènes*, I. *in fine*. — [30] Esch. *in Timarch*. — [31] Salmazius, *de modo usurarum;* Ste-Croix, *Mém. de l'Acad. des inscriptions*, XLVIII. 172; Muratori, CMXXXVII. 3. 7 *et aliàs*. — [32] Un tiers de ceux dont Suétone a écrit l'histoire avaient été esclaves. — [33] Laurentius, *de medicis*.

elles ne l'étaient pas ailleurs et surtout à Rome, comme on le voit par les exemples d'Agathangélus, d'Alcamène, d'Evandre [34]. Nous savons même qu'à Athènes la loi de Solon était fort mal observée [35].

N'est-ce pas ici le lieu de dire que de même qu'ils étaient les instruments de tous les travaux, les esclaves étaient aussi les instruments de tous les plaisirs? Ces musiciens, ces danseuses, que l'on faisait venir à la fin des banquets pour égayer les convives; ces nains, ces bouffons, dont les riches aimaient déjà à s'entourer; toutes les variétés de cette espèce d'hommes, qui étaient destinés à s'entr'égorger dans le cirque pour l'amusement de la foule, appartenaient presque sans exception à la classe esclave. Il en était de même au théâtre; le directeur avait sa *familia* d'acteurs, comme un agriculteur et un fabricant avaient leur *familia* de laboureurs et d'ouvriers. Enfin, c'était de femmes et d'enfants esclaves qu'étaient remplis tous ces lieux de prostitution et de débauches, si nombreux dans les cités antiques [36].

V. Les principes adoptés comme règles de l'économie domestique rétrécissaient encore la place que l'homme libre aurait pu trouver dans les arts et dans l'industrie. L'axiome fondamental était dans cette

---

[34] Winckelmann, *Hist. de l'Art*, IV. 7; V. 1; VI. 5. — [35] Platon, *les lois*, I. — [36] Lipsius, *Saturn. serm.*; Maffei, *de amphitheatris*; Laurentius, *de adulteriis et meretricibus*; Meursius, *de luxu romano*.

sentence de Caton : « Il faut que le père de famille « soit vendeur et non acheteur [1]. » A la campagne, enfermé dans sa *villa* par de larges fossés, des haies bien fourrées, de longues allées de pins, de cyprès ou d'ormeaux [2], l'homme riche consacrait tout ce qu'il avait de capitaux disponibles à fournir son domaine de tous les ouvriers, du travail desquels il pouvait avoir besoin. Les plus opulents avaient parmi leurs esclaves ruraux des forgerons, des tisserands, quelquefois assez nombreux pour former des ateliers, et jusqu'à des médecins [3]. A la ville, l'homme riche cherchait à se procurer par le travail de ses esclaves tout ce qui pouvait être nécessaire à la consommation de sa maison. Dans toutes les familles aisées, on avait un moulin, un four et un boulanger ; chacun s'habillait des étoffes fabriquées par ses esclaves. Auguste lui-même se faisait comme une règle d'économie domestique, de ne porter d'autres vêtements que ceux que ses propres ouvriers avaient tissés et confectionnés [4].

Chez les hommes opulents, tous les objets de luxe, même ceux du luxe le plus recherché, étaient fournis au maître par le travail de ses esclaves. Le tombeau commun des serviteurs de Livia-Augusta et des Césars, fils, petit-fils ou neveux d'Auguste, qui ne vécurent à Rome que comme de

---

V. [1] Cato, *R. R.*, 2. — [2] Varro, *R. R.*, 1. 14 et 15. — [3] *Institutos histonas, textores..... medicos, fullones, fabros..... et sic cæteros artifices.* Id. ibid. 2 et 6. — [4] Sueton. *Octav.*

riches particuliers, nous a conservé de nombreuses inscriptions funéraires d'esclaves brodeurs, doreurs, ciseleurs, peintres, architectes, sculpteurs, médecins [5]. Tout cela faisait partie de la domesticité, laquelle, à cause du profond mépris que les anciens attachaient à tout ce qui tenait au service de la personne, était exclusivement dévolue aux esclaves. C'était à peine si quelques affranchis, attachés à leurs anciens maîtres par les liens de la reconnaissance et par le besoin qu'ils avaient d'eux, descendaient jusqu'à conserver, dans les maisons où ils avaient servi jadis, les premières fonctions de la domesticité, celles de secrétaire ou d'intendant. L'écuyer lui-même, le serviteur qui suivait son maître jusqu'au milieu des combats, n'était presque jamais qu'un esclave [6].

VI. Comme les particuliers, les cités, les corporations, les établissements publics, les temples avaient leurs esclaves. Apollon de Delphes, Vénus de Corinthe, Vénus d'Eryx comptaient les leurs par milliers. Il y en avait pour le service des prêtres, pour l'entretien, la conservation, la réparation des édifices sacrés, pour la garde de leurs trésors, pour le service du culte, pour la pompe des cérémonies. Quelques-uns étaient même chargés de prédire l'a-

---

[5] *Columbarium libertorum et servorum Liviæ-Augustæ et Cæsarum*, passim; Gruter et Muratori, *passim*. — [6] Pignorius, *Servus armiger*.

venir[1]. Il y en avait aussi autour des magistrats pour leur servir d'appariteurs, de crieurs publics, de scribes, de bourreaux, de gardes ; les publicains en employaient un grand nombre à la perception des impôts[2]. Les douze cents archers, qui formaient, comme on a dit, les gardes du corps du peuple athénien, étaient esclaves[3]. Rome, pour sa police de nuit, pour celle des incendies, pour l'entretien et la garde de ses nombreux aqueducs, avait des corps particuliers d'esclaves appartenant à la république[4]. Chaque cité en avait encore un grand nombre dans ses arsenaux. Pour celui de Rome, Scipion, après la prise de Carthagène, réserva parmi les prisonniers deux mille ouvriers habiles à fabriquer des armes, des instruments de guerre, des cordages, des agrès de navires, etc.[5]

La marine militaire employait encore beaucoup d'esclaves. Comme les ouvriers des flottes, la plûpart des rameurs, au temps où les plus gros vaisseaux n'allaient pour ainsi dire qu'à la rame, chez les Grecs, chez les Carthaginois, chez les Romains, étaient des hommes de cette condition[6]. Il est cependant vrai que, lors des dernières grandes guerres maritimes de la fin de l'ère païenne, on

---

VI. [1] *Servi fanatici.* Budæi *annotationes ad Pandectas*; Gruter, 312. 7. — [2] Pign., *Servi publici*; Eschenbach, *de scribis veterum rom.* — [3] Boeckh, II. 11. M. Reitemeier en porte le nombre à trois mille, d'après Andocide. — [4] Titus Livius, IX. 46 ; XXXIX. 14 ; Dion Cassius, LIII et LV. — [5] Tit. Liv., XXVI. 47. — [6] J. Scheffer, *de militiâ navali.*

affranchit presque toujours les esclaves dont on se servit sur les flottes soit comme rameurs, soit comme soldats. Les armées de terre traînaient aussi après elles beaucoup d'esclaves. Chez les peuples barbares et chez ceux qui étaient restés fidèles aux vieilles mœurs, les esclaves combattaient souvent auprès de leurs maîtres [7]. Sparte avait envoyé à Platée cinq mille citoyens et trente-cinq mille ilotes; la cavalerie thessalienne était toute composée d'esclaves appelés Pœnestes; des 50,000 cavaliers que les Parthes envoyèrent contre Antoine, les chefs au nombre de 400 étaient seuls de condition libre; les nobles Gaulois, qui avaient sans cesse autour d'eux beaucoup d'ambactes, ne s'en séparaient probablement pas à la guerre [8]. Cependant, chez la plupart des peuples grecs et chez les Romains, les esclaves, sauf en cas de péril extrême (et presque toujours alors on les affranchissait), ne servaient dans les armées que comme valets, serviteurs, ouvriers. Mais les soldats eux-mêmes en avaient pour porter leurs armes, leurs bagages, ou au moins les pieux qui leur servaient à dresser leurs tentes [9]. L'armée de Cœpion, forte de 80,000 soldats, ne comptait pas moins de 40,000 personnes à sa suite, la plupart esclaves [10].

Les bons généraux veillaient, il est vrai, à ce que

---

[7] Ælian., XIV; Justin., XLI et aliàs. — [8] Boeckh, II. 21; Justin., XLI. 21; Cés., B. G., VI. 15. — [9] De là leur nom de *Calones*. Festus, *hoc verbo*. — [10] Orosius, V. 6.

cette queue de l'armée, indisciplinée, corrompue, souvent mal intentionnée, ne grossît pas jusqu'à devenir plus dangereuse qu'utile. Mais les prétentions individuelles des moindres officiers, et la répugnance du soldat pour certains travaux réputés serviles, ne laissaient pas de la rendre toujours considérable. Dans la Gaule, les esclaves de l'armée de César, gardien sévère de la discipline, compromirent un jour le salut de ses légions [11]. Ceux que Brutus, à la bataille de Philippes, avait enlevés à l'armée des triumvirs, étaient si nombreux, que, craignant d'en être embarrassé dans ses mouvements, il donna l'ordre de les égorger [12].

Au reste, si nombreux que fussent les esclaves dans les armées, ils n'y étaient jamais que des instruments : ils aidaient à combattre comme l'épée ou le cheval ; exécuteurs aveugles de la volonté d'autrui ; hommes de travail sur le champ de bataille comme dans l'atelier. Car, hors de la sphère du travail, ils n'étaient plus rien : le *Forum* et le tribunal, les fonctions publiques et le sacerdoce, la discussion et le pouvoir, la vie civile, enfin, leur étaient fermés. Quand on a parlé du rôle de l'esclavage antique dans l'ordre du travail, il n'y a plus rien à dire de lui sous le rapport de sa fonction dans la société ; et c'est pour cela que les historiens anciens et modernes, pour qui le travail n'a été jusqu'à ce jour d'aucune considération, ont

---

[11] *De bel. gal.*, II. 24. — [12] Zonaras, X. 9.

le plus souvent gardé sur les esclaves du monde antique un silence à peine interrompu par le souvenir de leurs révoltes.

CHAPITRE DEUXIÈME.

DES ÉLÉMENTS DONT SE COMPOSAIT LA CLASSE ESCLAVE.

Rapport des sexes et des âges. — Rapport des nombres. — Exemples. — Esclaves selon le droit civil. — La guerre et le brigandage. — Le commerce des esclaves.

I. Après la fonction qu'elle exerce dans la société, ce qui donne surtout de l'importance à une classe d'hommes distincte, c'est le nombre de ceux qui la composent; mais prétendre trouver, même approximativement, le nombre des esclaves du monde antique, serait folie. On peut tout au plus espérer de parvenir à se faire une idée de la proportion qui pouvait exister entre le nombre des hommes libres et le nombre de ceux qui ne l'étaient pas. Pour cela, il faut d'abord tenir compte de cette circonstance, « attestée, dit M. Letronne, par des rapprochements qui ne laissent aucun doute [1] », qu'on ne comptait généralement parmi les esclaves qu'un nombre de femmes et d'enfants relativement assez restreint. On n'employait que très-rarement les femmes à des travaux pénibles. Les traités d'agri-

---

1. [1] Letronne, *Nouvelle série des mémoires de l'Académie des inscriptions et belles-lettres*, tom. VI. 197; et Ste-Croix, ancienne série, tom. XLVIII.

culture que nous ont laissés les anciens, ne permettent même pas de supposer qu'à la campagne on les employât ordinairement pour les travaux de la moisson et de la vendange. Il n'y est question de fonctions confiées à des femmes, que pour ce qui a trait aux soins du ménage, à la préparation des aliments et des vêtements de la *familia*, ou à la garde des troupeaux [2]. La domesticité même n'en employait qu'un petit nombre, si ce n'est dans les maisons montées avec un très-grand luxe [3].

Il y avait aussi peu d'enfants parmi les esclaves, d'abord parce qu'il y avait peu de femmes, ensuite parce que c'était, comme le dit expressément Xénophon [4], une mauvaise spéculation pour un maître que d'élever dans sa maison de petits enfants pour s'en faire des ouvriers. On séparait donc avec soin l'appartement des hommes de celui des femmes [5], afin, comme dit toujours l'illustre chef de la retraite des dix mille, « afin que les femmes es-
« claves ne fissent pas des enfants contre le vœu de
« leurs maîtres [6]. » On se souvenait de ce qu'avait dit Hésiode plusieurs siècles auparavant : « Cherche
« une servante sans enfants; celle qui en traîne à
« sa suite est trop importune [7]. » C'est pour cela qu'on voit que les esclaves qui étaient nés dans la servitude formaient partout chez leurs maîtres

---

[2] Cato, *R. R.*, 10; Varro, *R. R.*, I. 18. — [3] Demosth., *in Midiam*. — [4] *Œconom.*, III. — [5] Minutoli, *de domibus*, IV. 2. — [6] *Œconom.*, IX. — [7] *Les jours*, II.

comme une classe à part, traitée peut-être avec plus d'indulgence et de familiarité, mais généralement plus méprisée et plus rarement admise par l'affranchissement au privilége de la liberté, dont la fortune semblait l'avoir placée plus loin [8].

Tout ce qui vient d'être dit sur la proportion des sexes et des âges dans la classe serve, doit cependant être regardé comme inapplicable à diverses contrées, dont je parlerai ailleurs (III. v.), et où les esclaves, étant à la fois serfs de glèbe et serfs de corps, propriété publique et propriété privée, vivaient la plupart aux champs, séparés de leurs maîtres et réunis en familles souvent nombreuses. Telle était la Laconie, qui passait aussi pour être la partie de la Grèce où il y avait le plus d'esclaves [9].

La disproportion des sexes et des âges parmi les esclaves des autres contrées ne doit pas d'ailleurs être exagérée. La domesticité chez les riches, le luxe, les plaisirs, certaines parties de l'industrie, telles que la fabrication des étoffes précieuses et des objets de parure, ne laissaient pas de réclamer encore l'emploi d'un certain nombre de femmes. Quoiqu'un enfant fût souvent pour un maître un embarras coûteux, pour un marchand, pour un éleveur d'esclaves, espèce très-nombreuse dans l'antiquité, un enfant avait néanmoins toujours quelque valeur.

---

[8] *Vernœ. Just.-Lips.*, *Comment. ad Senecam.*, 132. 277. 349. — [9] Thucydide, VIII. 40; Xénoph., *Républ. de Sparte*, II.

Quant à la surveillance des maîtres, il est permis de croire qu'elle était souvent mise en défaut. Enfin, on verra, lorsqu'il sera question du mariage des esclaves, que les unions permanentes n'étaient pas tellement rares parmi eux, qu'ils ne pussent pas contre-balancer, au moins en partie, par la fécondité des femmes, leur petit nombre.

II. Ce qui a été dit sur l'organisation du travail dans le monde antique, permettrait déjà d'affirmer que partout le nombre des esclaves devait être supérieur à celui des hommes libres. Il est dans la nature des choses que le travail soit toujours, de tous les objets de l'activité humaine, celui qui absorbe les efforts du plus grand nombre. Dans l'ordre moral, ce n'est pas le nombre des têtes, c'est leur puissance qui importe. Dans l'ordre matériel, au contraire, le bras le plus fort n'est rien, c'est le nombre qui fait tout. Là donc où est le travail, là est la foule, plus faite pour agir que pour discuter. Chez les anciens, le nombre des travailleurs devait être d'autant plus grand, que, quoique le travail fût parvenu à un immense développement, il avait à suppléer à l'absence, ou du moins à la rareté et au peu de puissance des machines qu'il employait, par la multitude des bras ; d'autant plus grand encore, que la majorité des travailleurs n'ayant aucun intérêt à ce qu'on lui faisait faire, et ne travaillant que sous l'empire de la crainte, ne pouvait que faire peu, que faire mal.

Le nombre des esclaves qu'employaient certaines industries suffirait pour prouver combien il en fallait pour tous les ordres de travaux. Xénophon en appelle au témoignage des vieillards de son temps, pour établir que les mines de l'Attique pourraient occuper plusieurs fois dix mille esclaves [1]. Dans les mines d'or de Verceil, il avait été défendu aux exploitants d'en faire travailler plus de cinq mille [2]. Il y en avait quarante mille, au temps de Polybe, seulement dans les mines d'argent que les Romains possédaient près de Carthagène; mines regardées comme très-riches et qui ne rapportaient en définitive que 25,000 drachmes [a] par jour, malgré les privations et les fatigues excessives que l'on imposait à leurs 40,000 ouvriers [3]. On exploitait à coups d'hommes; et c'est pour cela que les Romains, à qui leurs victoires de tous les jours livraient partout des multitudes de prisonniers, esclaves par le droit de la guerre, purent, dans tant de contrées diverses, faire entreprendre ou renouveler tant de travaux de mines. Les carrières, dont les travaux exclusivement exécutés par des esclaves étaient d'un besoin plus constant et d'un usage plus général, ne pouvaient qu'employer aussi beaucoup d'ouvriers [4].

[a] Vingt-deux mille francs environ.

II. [1] *Des revenus*, IV. — [2] Plin., *N. H.*, XXXIII. 21. — [3] Strab., III. — [4] Héron de Villefosse, I. 412.

L'agriculture en demandait encore un grand nombre, puisque, d'après le calcul de Saserna, rapporté et approuvé par Varron, il fallait sur chaque domaine autant d'esclaves qu'il y avait de fois huit jugères de terrain cultivable [5], ce qui est à peu près le double des données modernes dans les contrées où croissent la vigne et l'olivier.

La domesticité employait aussi un grand nombre d'esclaves. Déjà développé chez les Grecs, le luxe qui consistait à avoir beaucoup de serviteurs prit encor de nouveaux accroissements chez les Romains. Caton d'Utique, qui passait pour un homme de mœurs simples, n'en amena pas moins de quinze en partant pour l'armée, où il n'allait que comme simple tribun de légion [6]. Auguste, voulant borner le nombre de ceux qu'il serait permis à un exilé d'emmener avec lui, fixa ce maximum rigoureux à vingt [7]. Horace donne comme un trait de bizarrerie de Tigellius, d'avoir tantôt dix serviteurs et tantôt deux cents [8]. Le service se fractionnait à l'infini : Livia-Augusta avait une esclave uniquement chargée de prendre soin de sa chatte favorite [9]. Ce ne peut être ici le lieu de reproduire les longues nomenclatures des diverses fonctions domestiques, dont Pignorius, Popma et M. Blair [10] ont retrouvé les noms dans les auteurs latins, au nombre de quelques

---

[5] Varro, *R. R.*, I. 18; soit le jugère 25 ares. — [6] Plut., *Cat.*, I. 2. — [7] Dion Cassius, LVI. — [8] *Satyr.* I. 3. — [9] *Ossa. Aureliæ. Liv. Aug. sero. a. cura. catellæ.* Inscription antique rapportée par Pignorius. — [10] *An inquiry...* ch. IX.

centaines; fonctions souvent cumulées sans doute, mais souvent aussi, chez les hommes opulents, exercées chacune par un esclave, et beaucoup d'entre elles par plusieurs en même temps. Indépendamment de ceux attachés spécialement au service de la personne et de la maison, les hommes riches en avaient aussi pour la satisfaction de leurs goûts particuliers. Verrès avait des musiciens [11]; Cicéron et Atticus des copistes [12]; Livie des peintres, des graveurs, des sculpteurs [13]; Clodius, Milon, César, Antoine, les Pompéïens, et tous les ambitieux des derniers temps de la république, des gladiateurs souvent assez nombreux pour que le poids de leur épée se fît sentir dans la balance des affaires de l'Etat.

Ce que nous savons du nombre des esclaves de certains particuliers, vient à l'appui de ce qu'on peut induire de ces données générales. Il fallait être presque indigent pour ne pas en posséder au moins un, comme on le voit par la première scène du Plutus d'Aristophane, et par les exemples de Phocion et de Régulus. Platon, qui ne passait pas pour riche, en avait au moins cinq, Aristote au moins une douzaine [14]; Horace en avait huit, seulement sur sa petite terre de Sabine [15]. Nous connaissons les noms de trois affranchis de Virgile [16].

---

[11] Cic. *in Verrem*, v. 25. — [12] Cic. *ad Att.*, pass.; Corn. Nep., *Att.* — [13] Columbar., lib........ *passim*. — [14] Voir leurs testaments dans Diogène-Laërce. — [15] Lambinus *ad Horat.*, sat. II. 7. — [16] Donatus, *Vita Virg.*

Un certain M. Scaurus, dont toute la fortune était évaluée 25,000 *nummi*[a], avait pourtant six esclaves [17]. Le père d'Isocrate, qui n'était qu'un homme d'une condition inférieure, était propriétaire des douze ouvriers de sa fabrique [18]; celui de Démosthènes, homme riche mais non opulent, laissa à sa mort soixante esclaves au moins [19]. Un passage de la République de Platon [20] dit clairement qu'un homme riche ne pouvait pas avoir moins de cinquante esclaves. Philoménide en possédait trois cents; Hipponique six cents [21]; Nicias mille, dans les mines seulement; Mnason de Phocée mille [22]; Smyndridès de Sybaris trois mille [23]. Beaucoup de nobles Dardaniens possédaient plus de mille esclaves [24]. Eunus en Sicile, Titus Minutius en Italie, commencèrent leur révolte chacun avec quatre cents esclaves appartenant à un même maître [25]. Lentulus Batiatus, simple marchand de gladiateurs, en avait plus de deux cents dans son école de Capoue; Crassus, outre ses cinq cents ouvriers en constructions, tous les gens de sa maison, tous les ouvriers de ses terres, estimées deux cents millions de sesterces [b], possédait encore en toute propriété un si grand nombre d'hommes très-distingués par leurs

---

[a] Cinq mille francs. — [b] Quarante millions de francs.

[17] Meursius, *de luxu rom.* — [18] Dionys. Hal., *de Isocr.* — [19] Dem. *in Aphob.* — [20] Lib. IX. — [21] Boeckh, I. 13. — [22] Athénée, VI. — [23] Ælianus, XII. 24. — [24] Athénée, *l. c.* — [25] Diod. Sic., *Eclog.*, 34 et 36.

talents, comme lecteurs, écrivains, banquiers, gens d'affaires, cuisiniers, que ses domaines passaient pour lui rapporter moins que ses esclaves [26]. Pompée, parmi ses esclaves et ses bergers, recruta un corps de trois cents cavaliers [27]. La *familia* de César fut assez nombreuse pour donner des inquiétudes au sénat, même avant la guerre des Gaules; et au moment de sa marche sur Rome, les gladiateurs qu'il entretenait en Italie suffirent pour inspirer des craintes à Pompée; ceux d'Antoine, après Actium, osèrent entreprendre de traverser seuls toute l'Asie pour aller rejoindre leur maître en Égypte [28]. Le riche Scaurus avait, dit-on, quatre mille esclaves à la ville et autant à la campagne [29]; l'affranchi Démétrius en avait tant, qu'on lui en présentait chaque jour un état de situation, comme on faisait dans les armées aux chefs de corps [30]. Claudius Cécilius Isidorus, quoiqu'il en eût perdu beaucoup, disait-il, pendant les guerres civiles, en laissa encore à sa mort quatre mille cent seize [31]. Après de tels exemples, n'est-il pas permis de croire ce que dit Athénée [32], que quelques Romains possédèrent jusqu'à vingt mille esclaves?

Ce qui a été dit sur les esclaves publics ne permet pas de douter qu'ils ne fussent aussi partout très-nombreux. Je citerai tout-à-l'heure un passage

---

[26] Plut., *Crassus*, 9 et 2. — [27] Cæs., *de bel. civ.*, I. — [28] Sueton., *Jul.* 10; Cic. *ad Attic.*, VII. 14; Plut., *Antonius*. — [29] Blair, I. — [30] Seneca, *de tranquillitate animi*, 8. — [31] Plin., *N. H.*, XXXIII. 10. — [32] VI *in fine*.

de Xénophon, où cet illustre écrivain parle de porter successivement le nombre de ceux d'Athènes à soixante mille, comme d'une mesure qui ne pourrait être que très-utile à la république.

III. De l'importance du rôle des esclaves dans toute la sphère du travail, partout si pauvre en moyens et cependant arrivé déjà à des résultats immenses; de cet état des choses qui faisait que l'esclave était plus nécessaire au pauvre que le bœuf, et qu'on ne pouvait être riche sans avoir des milliers d'esclaves, il est impossible de ne pas tirer cette conclusion, que dans tous les états civilisés, la population servile devait nécessairement être plus nombreuse que la population libre. Le peu de détails de statistique exacte que nous ont laissé les anciens, confirme encore ce fait.

Le plus précieux de ces détails est celui qu'Athénée nous a conservé touchant les résultats du recensement fait pour la population de l'Attique, par Démétrius de Phalère, en l'an 309 avant notre ère [1]. « On trouva, dit-il, sur l'entier territoire de « la république d'Athènes, vingt-un mille citoyens, « dix mille métèques et quatre cent mille esclaves [2]. » Des trois chiffres donnés par Athénée, les deux premiers sont universellement reconnus vrais. On est d'accord aussi que ces deux chiffres ne comprenant

---

III. [1] Boeckh, I. VII. d'apr. Ste-Croix. — [2] Athén., VI. 272. édit. 1657.

que la population mâle et virile, on doit y ajouter pour les femmes, les vieillards, les enfants et les adolescents, de quatre-vingt à cent mille individus, ce qui, pour la population libre de l'Attique, donne un total de cent dix mille à cent trente mille personnes de tout sexe et de tout âge [3]. De sorte qu'en admettant pour vrai le chiffre indiqué par Athénée pour la population servile, que l'on comptait toujours par tête comme les troupeaux [4], il y aurait eu en Attique un individu de condition libre pour trois ou quatre esclaves.

Cette donnée fondée sur un texte précis, émanée d'un auteur qui indique la source où il a puisé le document officiel sur lequel il appuie son assertion, dont deux chiffres sur trois sont unanimement reconnus vrais, paraît devoir mériter d'autant plus de confiance, qu'elle s'accorde avec toutes celles qui sont fournies et par le même auteur et par d'autres pour les temps anciens, et avec ce qui est encore aujourd'hui dans les contrées dont l'organisation sociale présente le plus d'analogie avec celle de l'Attique, au temps de Démétrius. Athénée [5], par exemple, n'attribue que trois cent mille esclaves aux Arcadiens, qui possédaient un territoire bien plus vaste que celui de l'Attique, mais qui n'avaient

---

[3] Hume, *Essai sur la population chez les anciens*; Ste-Croix et Letronne, *Mémoires sur la population de l'Attique*, déjà cités; Boeckh, I. VII. — [4] *Ibid.* et Gillies, *Considérations sur l'histoire, les mœurs et le caractère des Grecs*. — [5] Liv. VI.

ni industrie, ni commerce, ni marine. Il en attribue, au contraire, quatre cent soixante mille aux Corinthiens, qui, maîtres d'une grande partie du Péloponèse, étaient encore renommés comme le peuple le plus industrieux et le plus commerçant de toute la Grèce.

A la vérité, on peut trouver des raisons spécieuses de douter que les Éginètes, sur leur rocher de quelques lieues de surface, aient pu posséder jamais quatre cent soixante-dix mille esclaves, encore que, sur ce point, le témoignage d'Athénée soit confirmé par celui du scoliaste grec de Pindare [6]. Mais on peut répondre d'abord, que tandis que ce qui concerne l'Attique est donné par Athénée comme tiré d'un document officiel, ce qui concerne Égine n'est indiqué par lui que comme tiré d'Aristote, sans qu'il soit dit à quelle source celui-ci avait puisé. Il ne faut pas oublier, d'ailleurs, qu'Égine, qui fut, dit Strabon [7], une île des plus célèbres, ne s'éleva précisément à cette haute célébrité que par son industrie, son commerce, ses richesses; qu'on lui attribuait en Grèce l'invention de la monnaie d'argent [8]; qu'elle avait donné son nom à tous ces petits objets de mercerie et de quincaillerie [9], qui supposent, chez la nation qui peut pour leur fabrication l'emporter sur toutes les autres, un grand développement de forces industrielles; que seule

---

[6] *Olymp.* VIII. — [7] Strab. VIII. 6. — [8] Ælian. XII. 10. — [9] Strab. *l. c.*

elle fit long-temps le commerce du Péloponèse et celui de la mer Noire [10], des côtes de laquelle venaient la plupart des esclaves de la Grèce ; qu'elle eut hors de son territoire des possessions et des colonies florissantes ; que sa marine lutta long-temps contre celle d'Athènes [11] ; que bien qu'elle n'eût qu'un sol pierreux et pauvre, elle fut renommée pour son agriculture [12] ; qu'elle fit école dans les arts [13] ; qu'enfin, entre les choses que Pindare a célébrées souvent à sa gloire, il a parlé plusieurs fois de sa nombreuse population [14] : toutes choses qui avec l'organisation du travail, telle qu'elle était chez les anciens, et surtout au temps de la prospérité d'Égine, supposent incontestablement un très-grand nombre d'esclaves.

Un passage précieux de Xénophon vient en aide à l'assertion d'Athénée pour ce qui concerne l'Attique. Entre les moyens que cet homme illustre proposait pour remédier à l'épuisement où la guerre du Péloponèse avait réduit Athènes, on voit figurer celui-ci : « Je voudrais, dit-il, qu'à l'exemple des « particuliers qui en achetant des esclaves se pro- « curent un revenu perpétuel, la république achetât « aussi des esclaves publics, jusqu'à ce qu'il y en « eût trois contre un Athénien [15]. » N'est-il pas tout-à-fait vraisemblable que la proportion que Xénophon conseillait d'établir entre le nombre des

---

[10] Pausan. VIII. — [11] *Id.* II. et III. — [12] Strab. *l. c.* — [13] Paus. VII. — [14] *Néméen.* v. 6 ; *Isthmiq.* v. 8. — [15] *Des revenus*, IV. 17.

esclaves publics et celui des Athéniens proprement dits, c'est-à-dire des citoyens qui étaient en état de porter les armes [16], il l'empruntait à celle qu'il voyait établie déjà entre le chiffre total de la population esclave et celui de la population libre [17]?

On s'est demandé, il est vrai, comment, en supposant à l'Attique quatre cent mille esclaves, Xénophon aurait pu, dans ce même traité, signaler comme une des grandes pertes que sa patrie eût jamais souffertes, celle des vingt mille esclaves qui s'étaient enfuis cinquante ans auparavant, lors de la descente des Lacédémoniens à Décélie. Mais si l'on veut bien se rappeler que Thucydide [18] atteste que ces vingt mille fugitifs étaient à peu près tous des ouvriers exerçant les arts mécaniques, on comprendra aisément les regrets que devait causer à un homme d'état un événement qui d'un seul coup, en quelques jours, au milieu d'une guerre terrible et déjà malheureuse, avait fait perdre à l'Attique (en supposant qu'elle renfermât alors cinq cent mille habitants), un vingt-cinquième de sa population totale, un dixième au moins de sa population mâle et virile. Quelle calamité survenue dans les temps modernes serait donc comparable à celle qui, par exemple, enlèverait tout-à-coup à la France un million trois cent quarante mille de ses habitants, pris exclusivement parmi ses ouvriers, ses mineurs, ses laboureurs, ses artisans!

[16] Letronne, *mém. cit.*, p. 194. — [17] Voir une note placée à la suite du discours. — [18] VII. 26.

En examinant la proportion numérique qui existe entre la population libre et la population esclave dans les contrées dont l'organisation sociale et industrielle ressemble le plus à celle de l'Attique, au temps de Xénophon et de Démétrius, on serait plutôt tenté de s'étonner que cette contrée célèbre, qui n'eut jamais que cent trente mille habitants libres au plus, n'ait eu que trois fois autant d'esclaves. Dans les établissements que les Européens avaient formés aux Antilles, il y avait autrefois, dit-on, en moyenne, six fois autant de noirs que de blancs ; il y en avait beaucoup plus encore dans la partie française de Saint-Domingue [19]. Aujourd'hui encore, dans nos cinq colonies françaises des Antilles, de la Guiane, du Sénégal et de Bourbon, la population libre est à la population esclave dans la proportion de un à trois et demi [20] ; et cependant le nègre, dans aucun de ces établissements, n'est et ne fut jamais qu'un ouvrier des champs ou un domestique ; il n'est aujourd'hui, il n'a jamais été, ni ouvrier des fabriques, ni matelot, ni goujat aux armées, ni marchand, ni enfin grammairien, rhéteur, précepteur d'enfant, médecin, artiste, gladiateur, comme l'étaient les esclaves de l'antiquité.

Aussi l'Attique n'était-elle pas la contrée qui passait pour avoir même proportionnellement le plus d'esclaves. La Laconie, d'où les Étoliens

[19] Géographie de Guthrie. — [20] Documents statistiques publiés par le ministre du commerce, 1835, pag. 164-170.

purent enlever en une seule campagne cinquante mille ilotes, sans que les vieux Spartiates vissent dans cet événement rien autre chose qu'un hasard heureux qui les délivrait d'un lourd fardeau [21]; l'île de Chio, tant de fois troublée par ses esclaves, et de qui Thucydide disait que c'était dans toute la Grèce la contrée qui avait le plus d'esclaves après Sparte [22]; la Sicile et l'Italie, enfin, qui, depuis long-temps épuisées de citoyens, virent pendant le VIIe siècle de Rome se lever par trois fois dans leur sein des armées d'esclaves rebelles, qui comptaient leurs combattants par cent mille, ne pouvaient qu'avoir proportionnellement encore plus d'esclaves qu'Athènes.

Si l'on n'admet pas cette supériorité numérique des esclaves sur les hommes libres chez les peuples anciens, leur histoire devient incompréhensible. Comment Athènes, avec ses cent vingt mille citoyens ou métèques de tout âge et de tout sexe, aurait-elle pu, pendant trente ans d'une guerre presque toujours mal conduite et souvent malheureuse, couvrir la mer de ses flottes, jeter des armées sur les côtes du Bosphore, de la Thrace, de la Sicile, du Péloponèse, de l'Eubée, tenir en respect tout l'Archipel, imposer à tant d'alliés douteux, de sujets frémissant sous le joug, d'ennemis ouverts ou cachés, élever en même temps des monuments magnifiques,

---

[21] Plut., *Agis et Cléomène*, 44. M. Reitemeier porte à 800,000 le nombre probable des esclaves de la Laconie. — [22] VIII. 40.

faire vivre la plupart de ses citoyens aux frais du trésor, et cependant passer ses jours dans les fêtes, si quatre cent mille esclaves au moins, par un travail sans relâche et par des privations sans mesure, n'avaient, dans le silence et dans l'oubli, nourri sa prospérité et entretenu sa puissance ? Et Rome, tandis que ses armées couvrent au loin le monde, tandis que ce qui reste d'hommes libres dans ses murs se presse aux assemblées du *Forum*, s'entasse pour assister aux jeux que lui donnent ses consuls, ses préteurs, ses édiles, ses triomphateurs, ses généraux, dans ces cirques où l'on voit deux cent soixante mille spectateurs [23] demeurer des journées, des semaines entières, ne se levant que pour aller manger et dormir ; Rome, que deviendrait-elle si des multitudes de bras esclaves ne travaillaient partout pour faire vivre ses citoyens et pour armer ses soldats ?

On aura pu remarquer que les détails de toute nature qui viennent d'être donnés, ne sont, pour la plupart, empruntés qu'à l'histoire de quelques états dont le nom revient sans cesse. Mais outre que ces états furent ceux dont l'influence, après avoir longtemps dominé le monde antique, finit par le transformer tout entier en une vaste unité, c'est une vérité démontrée jusqu'à l'évidence par l'étude de l'antiquité, que bien que différenciées entre elles

---

[23] Plinius, *N. H.*, XXXVI. 24.

par leurs institutions politiques et leurs mœurs extérieures, les mille cités de l'Occident étaient parfaitement semblables les unes aux autres pour tout ce qui formait les bases essentielles de l'organisation sociale. Sans doute, la puissance et la considération, soit du travail, soit de ses diverses branches, n'étaient pas absolument les mêmes à Rome et à Carthage, à Athènes et à Sparte, à Marseille et à Cadix; mais l'organisation fondamentale du travail n'en était pas moins identique dans toutes ces cités, assise chez chacune d'elles, aussi bien que chez toutes les autres, sur l'établissement et le maintien de l'esclavage. Sans doute aussi, la proportion numérique entre les deux classes d'hommes que l'on retrouvait partout en présence l'une de l'autre, n'était pas partout exactement la même, mais les chiffres n'en variaient pas d'une manière très-sensible.

A cet égard, le silence des écrivains de l'antiquité suffit pour autoriser à conclure; car rien n'était plus fait pour attirer leur attention qu'une différence de ce genre bien marquée entre deux états. Du nombre des esclaves dépendaient partout, de la manière la plus absolue : la richesse individuelle et sociale, la police, les mœurs, la tranquillité au-dedans, et dans une certaine mesure la puissance au-dehors. C'était une chose très-remarquée de tous les écrivains grecs, que le grand nombre des ilotes de la Laconie, lequel était cependant tout au plus le double de celui des esclaves de l'Attique. C'était à Rome l'objet des méditations de tous les hommes d'état, et l'une des causes les plus puissantes de toutes les agitations intérieures de la république, que le double fait de la décroissance successive de la population libre de l'Italie et de l'incessante augmentation du nombre de ses esclaves [24].

Nous possédons moins de données pour les états barbares. Il est cependant impossible de croire que, dans la Gaule, le nombre des esclaves ne fût pas plus grand que celui des hommes libres. César, qui était accoutumé à voir les choses aller ainsi dans tout le monde grec et latin, n'eût pas manqué de signaler une semblable différence entre la Gaule et l'Italie, si elle avait existé. Ce qu'il dit d'ailleurs de l'extrême déconsidération du travail chez les Gaulois, initiés cependant déjà à toutes les branches de l'industrie; ce qu'il dit de la misère des hommes libres des classes inférieures, qu'il nous montre comme gravitant sans cesse vers la servitude; ce qu'il dit enfin des mœurs des grands, toujours environnés de leurs ambactes et de leurs clients, ne permet pas de douter que la classe esclave ne fût très-nombreuse dans la Gaule [25]. Orgétorix, le plus noble et le plus riche des Helvètes, il est vrai, mais que sa naissance et sa richesse ne purent cependant protéger contre la haine de ses concitoyens, parut devant ses juges entouré de plusieurs milliers d'esclaves [26]. Peut-on se refuser à croire que

---

[24] Plut., *les Gracches*, et un passage très-remarquable d'Appien, *B. C.* I. — [25] Cæs. *B. G.* VI. — [26] *Ad judicium omnem suam* familiam, *ad decem millia hominum, undique*

les nobles des autres nations gauloises, parmi lesquelles les Helvètes ne tenaient qu'un rang secondaire, n'eussent, comme Orgétorix, des milliers d'esclaves pour cultiver leurs vastes propriétés et soutenir au besoin leur ambition?

Il semble cependant que plus on descendait ensuite dans l'échelle de la civilisation, moins la population servile devait être nombreuse. Là où l'agriculture, l'industrie, le travail enfin étaient peu développés, qu'aurait-on pu faire de beaucoup d'esclaves? Là où le travail était nul, à quoi la possession d'un seul esclave eût-elle été bonne?

IV. C'est maintenant le lieu de faire voir comment se recrutait la population servile chez les peuples anciens.

L'enfant qui naissait de la femme esclave naissait esclave, quel que fût le père. Mais, si générale et si respectée que fût cette loi fondamentale de la servitude, la disproportion numérique qui existait entre les deux sexes parmi les esclaves, du moins dans les contrées où ils n'étaient pas à la fois serfs de glèbe et serfs de corps, aurait bientôt produit un vide immense dans les rangs de la population serve. La misère et la violence avaient mission de

coegit, et omnes clientes obœratosque suos, quorum magnum numerum habebat, eòdem conduxit. Cæs., *B. G.*, I. 4. Ai-je besoin de rappeler que le mot de *familia*, employé ici par César, loin de pouvoir s'entendre des parents seuls, ne s'appliquait ordinairement de son temps qu'aux esclaves d'un même maître, à l'exclusion de ses parents?

remplir ce vide. En tout lieu, on reconnaissait à tout homme libre et maître de ses droits le droit de se vendre lui-même. Dans les contrées gouvernées despotiquement, et surtout dans celles où une aristocratie orgueilleuse foulait avec mépris la multitude, dans la Gaule, dans la Grèce septentrionale, dans les parties de l'Asie les moins rapprochées des colonies grecques, partout enfin où, comme dit Montesquieu [1], la liberté du pauvre ne lui valait rien, les ventes de ce genre étaient très-fréquentes, et c'est en partie pour cela que l'Occident tirait un si grand nombre d'esclaves de la Phrygie, de la Mysie, de la Lydie, du Pont, de la Cappadoce, de la Galatie [2]. Dans les républiques de la Grèce et de l'Italie, les ventes volontaires, sans être condamnées par les lois, étaient au contraire très-rares, du moins pendant les derniers siècles de l'ère païenne.

Reconnu chez tous les peuples de l'antiquité et préexistant à toutes leurs législations écrites, le droit pour le père de famille, de vendre tous ceux qui étaient à ce titre placés sous sa dépendance, eut à peu près le même sort que celui de se vendre soi-même. Il demeura en pleine vigueur et en grand usage chez tous les peuples barbares; il fut, au contraire, limité d'abord dans les états de la Grèce

---

IV. [1] *Esprit des lois*, xv. 6; Cæsar, *B. G.*, v; Tacit., *Germ.*, 24. — [2] Strab., vii; Philostrate, *Vie d'Apollonius*, viii, *et aliàs*.

et de l'Italie par les législateurs les plus fameux : à Athènes par Solon, à Mytilène par Pittacus, à Thurium par Charondas[3] ; puis aboli en quelque sorte par les mœurs. A Rome, le droit du mari de vendre sa femme ne fut jamais reconnu, ou du moins mis en pratique ; mais les douze tables, qui demeurèrent toujours la base du droit romain, reconnurent au père le droit de vendre son fils jusqu'à trois fois[4]. Les mœurs atténuèrent cependant la rigueur des lois, et tout autorise à croire qu'à Rome, comme dans les états démocratiques de l'Occident, les ventes d'enfants par leur père étaient devenues infiniment rares long-temps avant la fin de la république.

Au lieu de vendre leurs enfants, les parents, quand ils ne pouvaient les nourrir ou qu'ils craignaient d'en être embarrassés, les exposaient : ni les lois ni les mœurs ne condamnaient cette action barbare. Térence fait raconter à l'une des femmes de ses comédies, comme une chose très-naturelle, qu'ayant reçu de son mari l'ordre de faire périr l'enfant dont elle accoucherait, si c'était une fille, elle trouva moins cruel de l'exposer[5]. On exposait surtout les filles, à cause des embarras qu'elles causaient à leurs pères. « Un homme riche, dit Posidyppe, a lui-même de la peine à élever une fille[6]. » A Thèbes, pour remédier à l'exposition des

---

[3] Plut., *Solon*, 42; Dion. Hal., II. — [4] Tab. IV, et le commentaire de Pothier. — [5] Heautantimorumenos, III. 5. — [6] *Anthologia græca*, II. 333.

enfants, qu'on ne se croyait pas en droit d'interdire absolument, il avait été établi que celui qui ne pourrait nourrir son enfant serait tenu de le porter aux magistrats ; ceux-ci devaient aussitôt s'occuper de le livrer à quelque marchand d'esclaves qui se chargeât de le nourrir et de l'élever comme lui appartenant en toute propriété [7]. Partout ceux qui recueillaient des enfants ainsi abandonnés en devenaient les maîtres. Le rhéteur Gniphon, dont Cicéron fréquentait encore l'école pendant sa préture ; Caïus Melissus, à qui Auguste confia la création de la bibliothèque Octavienne, avaient été ainsi exposés par leurs parents, et élevés comme esclaves par des étrangers. Il semble cependant qu'on reconnaissait aux parents le droit de racheter en tout temps les enfants qu'ils avaient exposés [8].

Non moins répandu était le vieil usage commun à tout l'Occident, de permettre à tout créancier de faire vendre à son profit son débiteur insolvable [9]. Durement consacré par le « chant horrible » de la loi des douze tables [10], cet usage ne fut définitivement proscrit à Rome que dans le courant du cinquième siècle de son existence [11], après y avoir été long-temps pour les plébéiens, que seul il atteignait [12], comme l'aiguillon qui les poussait à toutes les conquêtes par eux successivement réa-

---

[7] Ælian., II. 7. — [8] Suet., *de illust. grammat.*, 7 et 21. — [9] Salmazius, *de modo usurarum*, XVII. — [10] Tab. III, *Lex horrendi carminis.* Tit. Liv., II. — [11] Id., VIII. 28, et Salmaz., *op. cit.*, XIX. — [12] Niebuhr, *Hist. rom.*, II. 367.

lisées sur le patriciat. Il avait été déjà proscrit à Athènes par Solon, qui de cette abolition avait en quelque sorte fait la base de sa grande réforme des lois et des institutions de son pays [13].

L'histoire de cette abolition appartenant en partie à des temps antérieurs à ceux dont il est ici question, et se trouvant d'ailleurs dans toutes les histoires de Rome et d'Athènes, il a paru inutile de la retracer ici. Mais ce qu'il importe de rappeler, c'est que l'abolition du vieux droit, partout reconnu en faveur du créancier, de s'approprier son débiteur ou de le faire vendre ainsi que sa femme et ses enfants, non-seulement ne fut prononcée par les lois qu'à Rome et à Athènes [14], mais ne le fut même dans ces cités qu'en faveur des citoyens. Athènes vendait ses métèques à leur moindre retard à payer l'impôt particulier auquel ils étaient soumis [15]; Rome continua de laisser vendre les débiteurs insolvables étrangers jusque sous l'empire [16].

En Afrique, en Asie, en Illyrie, dans les Gaules, ces sortes de ventes demeurèrent très-fréquentes [17]; elles y furent, dans les mains d'abord de la noblesse indigène, ensuite des publicains de Rome et de cette foule d'usuriers avides qu'elle envoyait partout à la suite de ses armées, un instrument puissant d'extorsion et de tyrannie. Quand Rome, menacée

---

[13] Plut., *Sol.*, 20 et 24. — [14] Salm., XVIII; Blair, II. — [15] S^{te}.Croix, *Acad. des insc.*, XLVIII. — [16] A. Gell., *Noct. att.*, et Pothier, *Comment. ad* XII. *tab.* — [17] Varro, *R. R.*, I. 17; César, *B. G.*, VI; Polyb., I; Salmaz., *loc. cit.*

par les Cimbres, fit demander à Nicomède, roi de Bythinie, des soldats auxiliaires : « Vos publicains, « répondit le malheureux roi, ne m'ont laissé que « des enfants et des vieillards [18]. » Pour les 20,000 talents que Sylla avait demandés à l'Asie, les publicains qui en avaient fait l'avance en ayant ensuite exigé plus de cent vingt mille, une multitude d'hommes libres, après avoir vendu « jusqu'à leurs jeunes filles vierges », après avoir subi toutes les tortures permises contre les débiteurs, la prison, le chevalet, l'exposition à un soleil brûlant, se virent encore obligés de se vendre ou de se laisser vendre eux-mêmes [19]. A Salamine, un des meurtriers de César, pour se faire payer par le sénat de cette ville quelque argent qu'il lui avait prêté à gros intérêts, le fit si bien garder à vue, que quelques-uns de ses membres périrent de faim sous la clef des geoliers de leur créancier [20]. Héritiers et représentants de l'aristocratie usurière de la vieille Rome, les chefs du parti Pompéien, dans plusieurs villes de l'Asie, firent vendre des populations entières pour le paiement des contributions qu'ils leur avaient imposées [21].

Pour éviter de subir une vente solennelle, beaucoup de débiteurs, se voyant dans l'impossibilité de se libérer à l'égard de leur créancier, se soumettaient par un contrat particulier à le servir comme un

---

[18] Diod. Sic., *Eclog.*, 36. — [19] Plut., *Lucullus*, 29. — [20] Cic., *ad Att.*, VI. 1. — [21] Appian., *B. C.*, IV.

esclave, à labourer ses champs, à travailler dans ses ateliers, à lui obéir en toutes choses, soumis aux traitements, aux châtiments, aux privations d'un esclave, libres cependant aux yeux de la loi, en ce sens qu'ils conservaient et tous leurs droits de citoyens, et tous leurs droits de famille : on disait d'eux qu'ils étaient, non pas serfs, mais seulement en servitude [22]. L'usage de ces sortes de contrats, aboli à Rome et à Athènes [23] en même temps que la vente forcée du débiteur, s'était maintenu chez tous les peuples gaulois, en Illyrie, en Asie ; il y tendait à adoucir et peut-être à remplacer celui de l'adjudication solennelle ou addiction du débiteur au créancier ou à son profit [24]. La loi romaine et athénienne avait même laissé subsister l'antique usage de livrer comme esclave, à celui qui avait eu à souffrir d'un délit ou d'un dommage causé par un tiers, l'auteur du préjudice causé, lorsqu'il ne pouvait le réparer : c'était comme une sorte de servitude pénale ; mais, quoique généralement en usage dans toute l'antiquité, il est indubitable qu'elle ne frappait partout qu'un petit nombre d'individus. Les cas où les lois punissaient de la servitude l'auteur d'un fait réputé criminel, paraissent également avoir été très-rares partout, si ce n'est peut-être dans quelques états

---

[22] *Liber qui suas operas in servitute, pro pecuniâ quam debeat, obligavit dùm solveret, nexus vocatur, ut ab œre obœratus.* Varro, *de linguâ latinâ*, VI. 5 ; Tit. Liv., II. 24, Niebuhr et Salmaz., *loc. cit.* — [23] Plut., *Sol.* ; Livius, VIII. — [24] Salmaz., *op. cit.*; XVII et XVIII.

gouvernés despotiquement ou soumis à des tyrannies aussi violentes que passagères.

V. C'était la guerre, de qui l'esclavage était né, qui continuait surtout à l'entretenir. Tout prisonnier de guerre est esclave de son vainqueur ; telle était l'inflexible loi du droit des gens parmi les anciens. Autant de prisonniers, autant d'esclaves, disait un proverbe [1]. Le développement de sintérêts politiques apporta sans doute, vers la fin de l'ère païenne, de larges exceptions à la vieille loi qui frappait de servitude tout ce qui était vaincu ; mais, jusqu'à la fin, l'usage de ne voir dans le captif proprement dit, qu'une proie dont la guerre faisait la propriété légitime de celui qui s'en emparait, se maintint dans toute sa rigueur. Malheur à l'armée vaincue en bataille rangée ! Malheur surtout à la ville prise d'assaut. « Partout, s'écrie Eschyle [2], la mort, les « flammes, l'esclavage, s'y présentent.... partout « dans ses murs déserts retentissent les cris confus des « captives désolées. » Femmes, enfants, vieillards, aussi bien que le soldat pris les armes à la main, tous étaient traités en esclaves ; le premier soin du vainqueur était de les enchaîner. En partant pour une expédition militaire, on se munissait toujours de quelques milliers de menottes pour s'assurer de ses prisonniers ; le vainqueur se servait des siennes

---

V. [1] *Quot hostes capti, tot servi.* Erasmi *Adagior.*, 1231.
— [2] Les Sept à Thèbes, 332 et ss.

et de celles des vaincus ³. Tout ce qui était pris était ensuite vendu. Après Issus, après Arbelles, après que le gouverneur de Damas lui eut traîtreusement livré trente mille captifs, la plupart appartenant aux premières familles de la Perse, Alexandre, en un jour de clémence, assembla dans son palais les prisonniers les plus distingués par leur naissance, pour séparer du vil troupeau des esclaves ceux qu'il voulait relever de l'abîme où le sort les avait jetés : le nombre en alla jusqu'à dix ⁴. Des cinquante-cinq mille prisonniers que l'on fit dans Carthage, Scipion ne sauva de la servitude qu'un très-petit nombre de personnes du rang le plus élevé. Des milliers de prisonniers que César fit dans les Gaules, ceux-là seuls échappèrent à la servitude, que le vainqueur, à cause de leur naissance, fit périr dans les tourments ⁵.

La vente des prisonniers suivait ordinairement de très-près la victoire. Le premier jour des Saturnales, Cicéron s'empare de Pindenissum ; le troisième, tous les prisonniers étaient vendus : il y en avait pour 120,000 grandes sesterces *⁶. On vendait souvent sans compter. « Après la prise d'Aduaticum, dit

---

a 2,500,000 francs.

---

³ Justin., XXII. 5. — ⁴ Quintus Curtius, III. 13 ; VI. 2 ; Orosius, III. 16. — ⁵ *Multitudo captivorum* (carthaginensium), *exceptis paucis principibus, venundata.* Oros., IV. 23 ; (in Galliâ Cæsar), *cunctis principibus per tormenta interfectis, reliquos sub coronâ vendidit.* Id., VI. 8. — ⁶ Cic. *ad Att.*, V. 20.

« César, on vendit tout ce qui se trouva dans la ville ; « *les acheteurs dirent* que le nombre des captifs « s'élevait à cinquante-trois mille [7]. » Accroupis autour d'une pique, enfermés dans une haie de soldats, les vaincus, sans distinction de rang, d'âge ou de sexe, passaient par centaines des mains du questeur aux mains du marchand. Chacun vendait de son côté les prisonniers qu'il avait faits lui-même et que le général lui avait permis de garder, ou ceux qui lui avaient été donnés par ses chefs en récompense de sa valeur. On en réservait aussi souvent un grand nombre pour les ateliers, les mines, les carrières de l'état, ou pour les services publics ; on en réservait encore pour les faire vendre à de meilleurs prix sur des marchés plus fréquentés [8].

On s'étonne de tout ce que la guerre pouvait ainsi verser d'esclaves dans le commerce, quand on vient à lire attentivement les historiens de l'antiquité, surtout aux temps des grandes guerres de Rome. Le nombre des prisonniers des deux partis qui furent ainsi vendus pendant le cours des guerres puniques est immense. A Drépane 20,000 Romains furent faits prisonniers, 6000 à Trasymène, 8000 à Cannes [9] ; tout cela fut fait esclave. En Afrique, en Grèce, en Crète, les Romains retrouvèrent plus

---

[7] *Ab his qui emerant numerus capitum relatus est millium* LIII ; Cæs., *B. G.*, II. 33. — [8] *Vendere sub hastâ, sub coronâ.* A. Gellius, *Noctes atticæ*, VII. 4 ; Dionys. Hal., *Ant. rom.* IV ; Plut., *Coriol.*, 8 ; Cæs., *B. G.*, VII. 89 *et aliàs.* — [9] Eutropius, II ; Orosius, IV *passim.*

tard des milliers de leurs soldats vendus autrefois par Annibal [10]. Mais les prisonniers carthaginois ne virent pas arriver le jour de leur liberté. Aux 8000 prisonniers qu'avait faits Duillius, aux 40,000 que Manlius et Régulus avaient ramenés d'Afrique, aux 32,000 que Lutatius avait pris dans Lilybée, à cette foule sans nombre que les Fabius, les Gracchus, les Scipion avaient réduite en servitude, la dernière heure de Carthage ajouta encore 55,000 captifs, femmes, enfants, vieillards, vendus sur l'heure même à la chaleur des enchères [11]. Paul Emile enleva en Epire seulement 150,000 personnes qui furent aussitôt vendues [12]. Marius fit aux Tigurins et aux Ambrons 80,000 prisonniers, 60,000 aux Cimbres et aux Teutons; tout cela fut vendu [13]. Pompée, dans ces guerres d'Asie que Caton appelait des guerres de femmes, où l'on faisait 15,000 prisonniers en perdant cinq hommes, se vantait d'avoir successivement dispersé, pris ou tué en batailles rangées ou dans des villes enlevées de force, deux millions 183,000 ennemis [14]. César racontait de lui-même, qu'ayant eu à combattre dans les Gaules trois millions d'hommes, il en avait tué un million, mis en fuite un million, pris un million [15]. De ces millions de prisonniers peut-on croire que beaucoup

---

[10] 20,000 en Afrique, Appian., *Bell. pun.*, 8; 4,000 en Crète, Liv. XXXVII. 60; 1,200 en Achaïe seulement, *id.* XXXIV. 50. — [11] Eutrop., Oros. *ibid.* — [12] Liv. XLV. 34; Strab., VII; Plut., *Flaminius*. — [13] Eutrop., V; Oros., V. — [14] Plin., *N. H.*, VII. 27. — [15] Id., 25; Plut., *Cæs.*, 19.

aient pu échapper à la servitude, quand on voit César envoyer en don à des villes qu'il desirait s'attacher, à des hommes influents dont il voulait se ménager l'appui, à des amis enfin, jusqu'à mille prisonniers à la fois [16]?

Outre ces milliers d'esclaves que faisait la guerre régulière, il faut encore tenir compte, et pour un nombre considérable, de ceux que faisaient partout la piraterie et le brigandage. En temps de guerre on délivrait des lettres de marque pour aller à la prise des hommes [17]. En temps de paix, quoique les peuples civilisés eussent à peu près cessé de faire de la piraterie une industrie honorable, comme autrefois les Phéniciens et les Etrusques [18], les mers n'en étaient pas moins couvertes de pirates. C'était en allant d'Athènes à Egine que Diogène avait été ainsi privé de sa liberté [19]; c'était sur le rivage de la Sicile, près d'Hycare, sa patrie, que Laïs avait été enlevée [20]. L'Euxin était couvert en tout temps de petits navires barbares allant à la chasse des hommes [21]. Dans le cours du VIIe siècle de Rome, les pirates devinrent si nombreux que de leurs flottes aux voiles de pourpre, aux éperons dorés, ils couvrirent la Méditerranée, bloquèrent tous ses ports, s'emparèrent de plusieurs villes importantes, et osèrent même descendre près de Rome. Sans entrer

---

[16] *Captivorum millia dono offerens.* Sueton., *Jul.* 28. — [17] Ἀνδροληψία; Petit, VII. 1 et 17. — [18] Heeren, *Politique et commerce des peuples de l'antiquité*, IV. 183. — [19] Diog.-Laërt., *Vie de Diog.*, 74. — [20] Athén., XIII. — [21] Strab., XI.

dans le détail de cet épisode bien connu de l'histoire, il suffira de rappeler que l'une des sources les plus abondantes de la richesse de cette foule de brigands, « consistait à enlever des hommes d'un point de la côte pour aller les vendre sur un autre [22]. »

La terre avait aussi ses enleveurs d'hommes. Pour fournir de noirs les marchés d'Egypte, les Garamantes allaient à la chasse des Troglodytes [23]. Les Etoliens [24], les Thessaliens [25], tous les peuples barbares pratiquaient en grand cette odieuse sorte de brigandage. Au sein même de la Grèce et de l'Italie, surtout pendant les temps de guerre ou de trouble, on voyait se lever des bandes nombreuses, qui, profitant de la rareté des chemins, de l'imperfection de la police, se faisaient une industrie d'enlever des hommes libres pour les vendre au loin comme esclaves, ou les jeter enchaînés dans des ateliers d'où leurs voix ne pouvaient plus être entendues [26]. En pleine paix avec les Gaulois Cisalpins, les armées romaines faisaient des courses sur leur territoire, pour en enlever des troupeaux et des hommes qu'ils allaient vendre à Crémone, à Mantoue, à Placentia [27].

La facilité avec laquelle on trouvait à se défaire de cette sorte de proie, encourageait beaucoup tous ces brigandages. Le droit des gens, comme l'a dit

---

[22] Id., XIV. — [23] Heeren, IV. 254. — [24] Plut., *Agis*. — [25] Aristophane, *Plutus*, II. 5. — [26] Appian., *Bell. civ.* pass.; Sueton., *Octav.*, 32 *et aliàs*. — [27] Liv. XLIII. 5.

Montesquieu, était accablant. Hors de la ville dont il était citoyen, ou de celles où il avait droit d'hospitalité, soit personnellement, soit avec tous ceux de sa cité (ce qui était partout infiniment rare), un homme de condition libre était vendu par le pirate ou le voleur qui l'avait enlevé, sans que les magistrats se crussent même le droit de s'enquérir de la manière dont il était tombé dans leurs mains, et sans qu'ils prissent eux-mêmes la peine de la dissimuler. La possession valait titre et pour le voleur et pour tous ses ayant-droit. Quand Diogène eut été conduit à Corinthe par celui à qui le pirate qui l'avait enlevé l'avait vendu, tout ce que purent faire ses amis, ce fut de lui proposer de le racheter [28].

Le droit de l'occupant (si l'on peut parler ainsi), était si universellement reconnu, que celui que la fortune avait, chez l'étranger, jeté dans la servitude, était considéré, même dans sa patrie, comme ayant perdu sa qualité d'homme libre. Ce n'était que par une fiction de la loi qu'il recouvrait, en rentrant dans son pays, ses droits sur sa famille et ses biens. A Rome, cité formaliste, il devait avoir soin de rentrer dans sa maison sans être vu, par le toit ou par la porte secrète de l'*impluvium*. On le traitait alors, en vertu de ce qu'on appelait le droit de rentrée secrète, comme s'il n'avait été qu'absent. Cependant si sa femme s'était remariée pendant sa captivité, le second mariage demeurait à jamais

---

[28] Laërt., *Diog.*, 75.

valable. Etait-il acheté à l'étranger par un concitoyen, de retour avec lui dans la patrie commune, pour redevenir libre, il fallait qu'il lui restituât d'abord ce qu'il lui avait coûté; jusque-là il était esclave, et pouvait être traité comme tel par son acheteur et ses ayant-droit [29].

On voit que l'esclavage, dans le monde antique, n'était pas comme aujourd'hui dans nos colonies la condition d'une seule race d'hommes. Sur presque toute la face de l'Occident, une grande partie de la population serve était toujours composée d'individus, non-seulement nés libres, mais encore, pour la plupart, réduits en servitude à un âge où la comparaison du passé avec le présent rendait leur nouveau joug aussi pesant pour eux qu'il pouvait l'être. La guerre, où l'esclavage, impuissant à se reproduire lui-même, se recrutait sans cesse, la guerre n'épargnait personne, et la guerre était partout. Athènes était en guerre avec Mégare qui était à ses portes, avec Égine qu'on pouvait voir du Pirée; Sparte avec Argos, dont une montagne la séparait; Thèbes avec Platée; et souvent ces guerres ne finissaient que par la vente en masse de toute la population de la cité vaincue. Sicyone vendit ainsi toute la population de Pellène, Sparte celle d'Elée, Athènes celle de Chalcis, Thèbes celle de Platée, Alexandre celle de Thèbes, Démétrius celle de Mantinée;

---

[29] S. Petit, *Leg. attic.*, II. VI; *Dig.*, XLIX. 15; Festus, v° *Postliminium*; Plut., *Quæst rom.*, 5.

Rome, enfin, et pour ne parler que des plus illustres, celles de Capoue, de Numance, de Carthage, de Corinthe. A Capoue on fit grâce aux affranchis, aux artisans, aux petits marchands, à toute la population infime ; on fit périr le sénat dans les supplices, la noblesse dans les cachots, on jeta toute la classe des citoyens dans l'esclavage [30].

Suspendu sur toutes les têtes, le joug de la servitude tombait ainsi au hasard, sans que nul pût se promettre de lui échapper toujours. Quand on avait vu Annibal aux portes de Rome, et puis les derniers enfants de cette Carthage dont les murs avaient renfermé jusqu'à 700,000 habitants, et qui avait eu en Afrique seulement trois cents villes sujettes [31], vendus aux enchères comme de vils troupeaux, derrière quels remparts pouvait-on espérer de n'être pas un jour visité par la servitude ? Quand on avait vu vendre en quelques jours cent cinquante mille Epirotes, en quelques années sept à huit cent mille Gaulois ; quand, enfin, on avait vu vendre au marché des esclaves Diogène, Phédon, Platon, Andronicus, Térence, Phèdre et tant d'autres personnages éminents, qui pouvait en son cœur se croire à l'abri d'aller un jour : vieillard, expirer au moulin ou dans les mines sous la fatigue et sous le fouet ; homme fait, mourir dans l'arène pour l'amusement de ses vainqueurs ; enfant ou vierge, élevé avec amour et délicatesse, servir de jouet,

---

[30] Liv. XXXIV. 14 et 16. — [31] Strab., v.

dans quelque ville étrangère, à toutes les passions crapuleuses de la multitude ?

Regardez donc la face de l'Europe moderne, aveugles admirateurs du passé ; regardez-la du pole aux côtes de l'Afrique, de l'Océan aux steppes de l'Asie ! Que sont devenus ses voleurs d'hommes ? En quel lieu aujourd'hui les pères y vendent-ils leurs enfants, les créanciers leurs débiteurs, les vainqueurs leurs prisonniers ?

VI. Le principal objet d'échange dans l'antiquité, a dit Heeren, c'était l'homme [1]. Des marchands d'esclaves suivaient en foule toutes les armées, Alexandre jusque dans l'Inde, César jusqu'au fond de la Belgique [2]. Réunis en caravanes, ou seuls et risquant leur vie sur la foi de quelque petit prince barbare, ils allaient acheter les prisonniers que se faisaient les uns aux autres, durant leurs guerres incessantes, ces multitudes de nations à demi-sauvages, qui de tous les côtés formaient autour du monde grec et latin une vaste ceinture [3]. Alexandrie, Carthage, et plus tard Utique, faisaient la traite des noirs déjà très-recherchés [4]. Par les colonies grecques de ses côtes, l'intérieur de l'Asie mineure versait en tout temps sur les contrées méditerranéennes un nombre infini d'esclaves, les uns vendus par leurs

---

VI. Jugler, *de nundinatione servorum* ; Heyne, *E quibus terris mancipia in græca et romana fora advecta fuerint*, opusc. IV. — [1] Heeren, II. — [2] Curtius, IX ; Cés., VI. — [3] Hérodot., IV. — [4] Heeren, IV.

pères, les autres par leurs princes, les autres par leurs vainqueurs [5]. Panticapée, Phanagora, Dioscurias, situés à l'extrémité de l'Euxin, voyaient arriver de toutes les parties du monde slave, scythe, tartare, des multitudes de prisonniers qu'on venait vendre aux négociants grecs et romains, sur leurs marchés fréquentés par plus de trois cents nations [6]. L'Illyrie et la Gaule jetaient en Italie tant de prisonniers germains, qu'alors qu'aucune armée romaine n'avait encore atteint les frontières germaniques, on vit, pendant le cours de la troisième guerre servile, se former en Italie des corps de plusieurs milliers de rebelles tous germains [7]. Marseille et les autres colonies phéniciennes, carthaginoises ou grecques de la Gaule méridionale et de l'Espagne, fournissaient l'Italie d'Ibériens, de Gaulois et même de Bretons [8].

Quand même Démosthènes ne nous eût pas dit que la plupart des esclaves grecs étaient des barbares [9], les noms de Dave, de Sace, de Phryx, de Lydus, de Syrus, de Gallus, de Manès, si communs en Grèce parmi la population servile, auraient suffi pour nous apprendre à quelle source elle allait sans cesse puiser des forces nouvelles [10]. Rome, qui se fournissait d'esclaves surtout par la guerre, entassa

---

[5] Heyne; Jugler; Blair, II; Reitemeier, pag. 76. — [6] Strab., I. 47; II. 91; IX. 495; Heeren, II. 330. — [7] Sallustius, *Fragm.* — [8] Strab., IV et V; Cic. *ad Att.*, IV. 16. — [9] *In Midiam;* Philostrate, *Apoll.* — [10] Strab., VII; Athén., XIII.

en Sicile tant d'Asiatiques, que par deux fois elle vit se lever dans cette contrée d'immenses armées d'esclaves révoltés, qui, sous le nom de Syriens, tentèrent de relever à quelques cent lieues de leur patrie leur nationalité prête à s'éteindre [11].

Il n'y avait pas de plus vaste commerce que celui des esclaves. Quand un marchand, au fond de la Belgique, de l'Euxin, de l'Asie, ou sur quelque champ de bataille, s'était suffisamment pourvu de prisonniers, aidé de ses esclaves affidés, il enchaînait les hommes faits [12], il enfermait dans des boîtes garnies de barreaux solides [13] ceux dont il redoutait la force ou le désespoir. Suivi des femmes et des enfants, dont le fouet hâtait le pas, il tâchait ensuite de gagner au plutôt, à travers les pays sauvages qu'il avait à parcourir, le port ou la ville la plus proche. Sur sa route vendant et troquant, il se rendait de-là sur quelque marché fameux. Si vous avez jamais rencontré sur votre passage la chaîne des forçats, se traînant lentement dans sa longue route vers le bagne, sans doute la pitié la plus vive a soulevé votre cœur. Eh bien ! il y a deux mille ans, des chaînes comme celle-là traversaient le monde dans tous les sens, non pas une fois par an et sur une seule route, mais tous les jours, par tous les chemins ; traînant tout au travers de vingt contrées,

---

[11] Diod. Sic., *Eclog.*, 36. — [12] Plautus, *Captivi*, I. 2. — [13] *Catasta;* Casaubonus *in Persium.*

non pas quelques criminels, triste rebut du pays, mais de braves guerriers qui n'avaient succombé que sous le nombre, des enfants, des vieillards, des femmes, vendus par trente et cinquante mille après le sac de leurs villes natales, attendus à la fin de leur voyage par tout ce que je vais avoir bientôt à raconter des ignominies et des misères de la servitude !

Les marchés les plus renommés étaient dans la Gaule Marseille [14], en Asie Sidé, en Afrique Utique ou Alexandrie, dans la Méditerranée Égine avant sa décadence, Corinthe avant sa ruine, Délos avant les guerres de Mithridate, Chypre, Samos, Athènes, Rome enfin [15]. Strabon, écrivain exact, dit que Délos, au temps de ses prospérités, avait pu « recevoir et expédier le même jour plusieurs mil- « liers d'esclaves [16]. » A Utique, Caton fuyant devant César trouva trois cents citoyens romains « mar- « chands, trafiquant sur la mer, lesquels avaient, « dit Plutarque, la plus grande partie de leurs fa- « cultés en serfs [17]. » Arrivé dans une de ces villes, le marchand d'esclaves, après avoir acquitté les droits de douane, qui pour cet article seul formaient partout une source très-importante des revenus publics [18], allait, près de quelque temple de Cérès,

---

[14] Thierry, *Histoire des Gaulois*, II. 1. — [15] Strab., XIV; Aristoph., *Plutus*, 520; Terent., *Adolphi*, II. — [16] Voir, à ce sujet, une excellente note de M. Blair, pag. 216. — [17] Plut., *Cato*, 76. — [18] Burmann, *de vectigalibus*, V; Boeckh, III. 4.

déesse des travaux rustiques, ou de Castor et Pollux, dieux des voyageurs, établir et préparer sa marchandise. Il frottait de craie les pieds de ceux qui venaient d'outre-mer, il coiffait du bonnet de laine appelé *pileus* ceux qu'il voulait vendre sans garantie; on posait une couronne sur la tête de ceux qu'on vendait comme prisonniers de guerre [19]. Ceux de moindre valeur, on les vendait aux enchères, hors du magasin, debout sur une pierre [20], afin que chacun pût les interroger, les voir, les toucher. Mais les grammairiens, les rhéteurs, les beaux enfants d'Alexandrie, les Phrygiennes habiles dans l'art des voluptés, les belles filles de Corinthe ou de Milet, célèbres par leur enjouement et leur esprit, on les vendait dans l'intérieur de la maison du marchand, après que l'acheteur avait interrogé ceux-là, examiné, palpé, manié celles-ci « jusqu'au dégoût [21]. » Les Édiles dans les villes romaines, l'agoranome ou *Pater* dans les villes grecques, avaient la police du marché aux esclaves, le soin de protéger le marchand contre les injures et les violences, l'acheteur contre les ruses et la mauvaise foi du marchand [22].

---

[19] Ovidius, *Amor*, I. 8; A. Gell., *Noct. att.*, VII. 4; Plaut., *Capt.* passim. — [20] *De lapide empti.* Cic. *in Pison.*, 15. — [21] *Nuda stetit in littore, et ad fastidium emptoris, omnes partes corporis inspectæ et contrectatæ sunt.* Senec., *Controv.*, I. XI. — [22] Ulpianus *in Demosth. orat. C. Timocr.*; Digesta [*], XXI. 1.

[*] Je fais remarquer, une fois pour toutes, que dans ce discours je n'ai emprunté au Digeste que des dispositions, dont l'origine remontait aux temps antérieurs à l'empire. Je n'ai aussi emprunté aux auteurs qui vécurent sous l'empire que des faits antérieurs à cette époque, ou qui n'étaient que la continuation de faits plus anciens.

Comme pour l'animal, il y avait pour l'esclave des vices rédhibitoires très-nombreux ; les uns pris de son état de santé, les autres pris de ses penchants moraux. Avant tout, le marchand devait dire avec vérité de quelle nation était l'homme qu'il vendait [23] ; car chacune avait pour la servitude ses qualités et ses défauts. Aristote recommandait de ne prendre pour esclaves ni des hommes d'une nation libre, parce qu'ils étaient généralement enclins à fuir ou à mal faire, ni des hommes d'une nation trop barbare, parce qu'ils étaient ou stupides ou féroces [24]. L'Epire, l'Illyrie, la Gaule, fournissaient de bons bergers [25] ; la Cappadoce des esclaves vigoureux, mais dénués d'intelligence ; ceux de l'Asie passaient pour dociles [26] ; ceux de l'Espagne étaient redoutés comme enclins au meurtre et au suicide [27].

Comme il y avait des marchands d'esclaves, il y avait aussi des éleveurs d'esclaves. Beaucoup d'hommes d'un rang inférieur s'attachaient à l'exercice de cette industrie, dont Caton l'ancien et l'opulent Crassus n'avaient cependant pas dédaigné les grands profits [28]. Les uns faisaient comme cette Nicératé, dont parle l'orateur grec [29], « qui avait acheté sept petites filles à bas prix, pour les élever dans l'art

---

[23] Ib. et *Noct. att.*, IV. 2. — [24] Aristot., *Œconomicon*, I. 5. — [25] Varro, *R. R.*, I. 17 ; II. 10. — [26] Plaut., *Merc.*, II. 3 ; Cic. *in Verr.*, v. 56. — [27] Appian., *Bel. Hispan.* — [28] Plut., *Cato major*, 32 ; Crassus, 2. — [29] Demosth. *in Neœram*.

des courtisanes, et les revendre quand elles seraient devenues grandes et belles. » La célèbre Aspasie avait fait long-temps ce commerce. D'autres, comme Roscius, se chargeaient de former dans leur art les esclaves d'autrui [30]. Sicyone avait une école d'esclaves cuisiniers [31].

Les prix variaient d'abord selon les lieux où le marché était conclu, ensuite selon les talents, la profession, les qualités physiques et morales de l'esclave. Dans les parties lointaines de l'Asie on avait un esclave pour quelques étoffes ou quelques armes; en Thrace et en Afrique pour un peu de sel; en Gaule pour un peu de vin : « pour la coupe, dit Diodore, on a l'échanson »; les Baléares donnaient quatre hommes pour une femme [32]. Sur le champ de bataille, où l'on achetait sans regarder et sans compter, et loin des marchés fréquentés, les prix étaient quelquefois minimes : dans le camp de Lucullus on vit vendre un bœuf une drachme, un prisonnier quatre [a] [33]. « Un esclave, dit Xénophon, peut valoir deux mines, un autre à peine une demie, un autre cinq et même dix mines [34]. » D'assez nombreux exemples portent à cinq mines [b] environ le prix d'un bon ouvrier dans la Grèce [35].

[a] 3 fr. 68 c. — [b] 460 fr.

[30] Cic., *pro Roscio comedo*. — [31] Athén., VII. — [32] Diod. Sic., V. 17 et 25; Heeren, IV. 272. — [33] Plut., *Lucullus*, 25; App., *B. Mithridat.* — [34] Xén., *Dits mém. de Socrate*. — [35] Demosth. *in Aphob.*; Plut., *Flaminius; et aliàs*.

En Italie on vit, vers la fin de la république, des maîtres affranchir leurs esclaves à condition de recevoir pour eux la part qui leur reviendrait dans une des distributions que faisaient alors si souvent tous les chefs de parti, et qui ne s'élevèrent cependant jamais au-delà de quatre cents *nummi* ᶜ ³⁶. Mais le prix d'un bon serviteur pouvait aller jusqu'à huit mille ᵈ ³⁷.

Les esclaves de luxe ou ceux que distinguait quelque mérite éminent étaient plus chers. Le fils de Nicératus avait payé le directeur de ses mines un talent ᵉ ³⁸; Platon avait été payé de vingt à trente mines ᶠ ³⁹ : c'était le prix courant des courtisanes jeunes et jolies ⁴⁰. Cependant on ne demanda pas moins de sept talents ᵍ à Titus Minutius Vettius, pour le rachat de celle qu'il aimait ⁴¹. A Rome, après les guerres d'Asie, on vit acheter un cuisinier au prix de quatre talents, de beaux enfants élevés avec soin plus cher encore, des grammairiens au prix de deux cent mille et même de sept cent mille *nummi* ʰ ⁴². César acheta quelques esclaves à des prix si extravagants qu'il défendit de les porter sur

---

c 84 fr. — d 1,633 fr. — e 5,500 fr. — f 1,840 à 2,930 fr. — g 38,500 fr. — h 42,000 et 147,000 fr.

³⁶ Dion., XXXIX. 24; LIII. 28. — ³⁷ Columela, *R. R.*, III; Horat., *Epist.* II. 2. — ³⁸ Boeckh, I. 13. — ³⁹ Laërt.; *Plat.*, 19. — ⁴⁰ Terent., *Adelphi. Phormio*; Plaut., *Persa. Mostellaria. Curculio.* — ⁴¹ Diod., *Eclog.*, 35. — ⁴² Diod., *Excerpt.*, 37; Sueton., *De illust. gram.*, 3; Plin., *N. H.*, VII. 40.

ses comptes [43]. Serait-il permis d'oublier qu'Esope, selon la tradition, avait été vendu soixante oboles'?

CHAPITRE TROISIÈME.

DE LA CONDITION DES ESCLAVES.

Les lois. Les droits du maître.
Les mœurs : les heureux de la servitude. Le pécule. L'affranchissement. — La foule. La vie matérielle. Les jours de fête. Le travail et le produit des esclaves. La discipline. — Les derniers rangs. Le cirque. Le lupanar. L'ergastule. — L'ilotie et l'esclavage chez les barbares. — Réaction. Les douleurs de l'hérilité. Les guerres serviles.
Les idées.

Dès le jour où du pied de la javeline, autour de laquelle on l'avait placé pour le vendre, le prisonnier de guerre était passé, sur un geste du questeur, des mains de son vainqueur aux mains d'un marchand d'esclaves, il avait cessé d'être un homme.

19 fr. 17 c. [44]

---

[43] Sueton., *Jul.*, 47. — [44] Dans toutes les évaluations qui viennent d'être faites, on a supposé, d'après M. Letronne et M. Boeckh, que la drachme grecque valait 92 centimes de notre monnaie, la mine 92 francs, le talent 5,500 francs, et le *nummus* ou petite sesterce 21 centimes environ. A la même époque, le blé, selon les mêmes auteurs, valait à Athènes de 2 à 3 drachmes le *medimne* ou les 52 litres; à Rome, de trois à quatre sesterces le *modius* ou les neuf litres environ, c'est-à-dire de 6 à 9 francs l'hectolitre.

En quelque lieu qu'il plût à son nouveau maître de le conduire, il n'était plus qu'une chose, lui et sa race ; car la servitude passait avec le sang de la mère à l'enfant, de génération en génération, et à toujours. Partout, sur ces champs que fécondaient ses sueurs, dans ces villes peuplées, animées, enrichies par lui, après des années comme après un jour, étranger ou né sur le sol, l'esclave, ce n'était jamais qu'une valeur mobilière, transmissible, vénale. Comme la charrue qu'il guidait dans le sillon, comme le troupeau qu'il conduisait au pâturage, exclu de l'association des hommes, il ne comptait plus que comme faisant partie du fonds de la richesse sociale.

I. 1. Il était inhérent à la nature de l'esclavage que les lois, qui ne voyaient dans l'esclave qu'une chose, ne protégeassent en lui qu'une propriété et non un homme. A Athènes cependant, le meurtre de l'esclave d'autrui, les violences de tout genre exercées sur lui, étaient punis des mêmes peines que si la victime eût été libre. On s'accordait, pour justifier cette loi, à dire « que, rien ne distin- « guant à l'extérieur le citoyen de l'esclave, il avait « paru utile d'éviter toute méprise funeste en les « protégeant également tous les deux [1]. » A Rome, les lois s'étaient bornées d'abord à déterminer la quotité des dommages que le maître d'un esclave

---

I. [1] Xén., *Républ. d'Athènes*, 1 ; Eschines *in Timarchum*.

frappé, blessé, tué par un tiers, aurait le droit de réclamer de l'auteur de la mort ou des blessures[2]. Mais ce n'était que la propriété du maître et non la vie de l'esclave que ces lois avaient eu en but de protéger; de sorte qu'il arrivait que, tandis que tuer l'esclave d'autrui, même sans sujet, ne donnait lieu qu'à une simple action civile en dommages[3], le soustraire à son maître ou seulement l'aider à fuir devenait un crime des plus graves[4].

La loi de Sylla sur les meurtres transporta à Rome les dispositions de la loi d'Athènes[5]. Mais comme, chez tous les peuples libres de l'antiquité, la poursuite des crimes privés, en justice, était exclusivement réservée à la partie qui se prétendait lésée; que celui qui succombait dans une action criminelle encourait des peines sévères, et qu'enfin l'esclave n'était nulle part admis à porter lui-même aucune plainte juridique, il est permis de croire, et l'on en a des exemples[6], que ni la loi d'Athènes, ni celle de Sylla, venue déjà bien tard, ne protégèrent jamais très-efficacement la sûreté personnelle des esclaves. On voit, au reste, en lisant les philosophes grecs, que la loi athénienne était généralement peu approuvée. « Les esclaves, » dit « Xénophon, vivent à Athènes dans une licence in- « croyable »; et il ajoute aussitôt, comme pour

---

[2] Digesta, IX. 2. — [3] Ib., *leg.* 27, § 28. — [4] Ib., XI. 4. — [5] Ib., XLVIII. 8. — [6] Voir l'histoire de l'esclave Pittalachus dans le discours d'Eschine C. Timarque, et le fait qui donna lieu au plaidoyer de Cicéron pour le comédien Roscius.

rendre raison de cet état des choses : « il n'est pas « même permis de les frapper [7]. » Aussi paraît-il qu'hors d'Athènes et de Rome, aucun autre état en Occident ne protégea la vie des esclaves par d'autres lois que celles faites pour assurer au maître la pleine jouissance et la libre disposition de tout ce qui figurait parmi ses biens.

Il ne pouvait être question de droits politiques pour ceux dont la sécurité personnelle n'était pas même garantie. Les droits de la famille et ceux de la propriété étaient aussi partout refusés aux esclaves. Ce n'est pas qu'il n'y eût parmi eux des exemples d'unions permanentes entre un homme et une femme de même condition ; mais ces unions ne formaient pas des mariages, ne donnaient pas naissance à des familles. L'homme et la femme ainsi unis, sous la volonté du maître commun, n'étaient pas époux, mais seulement *co-esclaves, commensaux* [8]. Le lien qui unissait « l'esclave mâle à sa femelle, « et tous les deux à leurs petits », comme dit Aristote [9], demeurait partout et toujours sous l'empire absolu du maître, de qui il dépendait en tout temps de l'établir et de le rompre. La cité ni les lois n'y prenaient nul intérêt. Partout le fils né de la servante appartenait au maître de celle-ci, quel que fût le père : par droit d'accession [10].

---

[7] Xen., *loc. cit.* — [8] *Conservi, contubernales,* συνοικοι, voir Sam. Petit; *Leg. att.*, VI. 1, et le commentaire. — [9] Polit., I. 1. 5. — [10] Dig., XLI. 1 *et aliùs.*

Le pécule, dont il sera plus amplement parlé tout-à-l'heure, et qui formait la seule espèce de propriété ouverte aux esclaves, n'était aussi protégé par aucune loi contre le maître, à qui seul il était censé appartenir, comme tout ce qui tenait à son esclave, et dépendait ou venait de lui : toujours par droit d'accession. « Le pécule, disait un jurisconsulte « romain contemporain de César, est ce que l'es- « clave possède avec la permission de son maître [11]. »

L'étrangeté barbare des lois antiques sur la manière de recevoir en justice le témoignage des esclaves, mérite d'être remarquée. On ne les entendait jamais comme témoins que sous la foi de la torture. Quiconque avait besoin de la déposition d'un esclave, pouvait demander qu'il fût mis à la question, même dans un procès civil [12]; il suffisait, qu'afin que le maître fût assuré de ne souffrir aucun préjudice par la détérioration ou la perte de son esclave, on consignât d'avance le prix auquel celui-ci pouvait être estimé par le juge [13]. A la vérité, il était défendu, hors quelques cas très-rares, d'entendre les esclaves d'un homme contre lui sans son consentement; mais comme refuser de le donner, sur la sommation [14] de l'adversaire, et après qu'il avait consigné la somme nécessaire pour répondre de la valeur vénale du témoin, devenait contre le maître

---

[11] Ib., xv. 1. 5. — [12] Cujacius, *Observ.* xx. 28; Quintil., *Declam.* 269; Demosth. *in Neœram, in Timothœum, et aliàs.* — [13] Ib. et Dig., XLVIII. 18. — [14] Πρόκλησις, Suidas.

un préjugé très-défavorable, il était rare que ce consentement fût refusé. Les lois et les magistrats veillaient d'ailleurs à ce qu'un maître ne pût éviter qu'on fît entendre contre lui ses esclaves, en les affranchissant avant que leur déposition fût requise [15].

Une fois amené devant le juge, le témoin esclave était à la merci des plaideurs. Les épreuves étaient souvent poussées jusqu'à la mort du patient. Valère Maxime raconte l'histoire d'un esclave appelé comme simple témoin, qui par huit fois fut soumis à la torture [16]. Il est triste d'avoir à dire que les plus grands orateurs de l'antiquité ont témoigné hautement la plus entière confiance pour cet absurde et odieux genre de preuve [17]. Dans ce système de procédure, l'esclave, à vrai dire, n'était pas un témoin, c'était une pièce de conviction. Le bourreau faisait sur lui, par la torture, ce que le médecin légiste fait parmi nous sur le cadavre. Cette fois encore la loi ne voulait voir en lui qu'une chose.

Mais si, pour attester sa qualité d'homme, l'esclave avait recours à la violence, au vol, au meurtre, au crime, en se rappelant qu'il était un homme, on se rappelait aussi qu'il était un étranger, un ennemi. Pour les délits de peu d'importance, on se bornait ou à forcer le maître à réparer le préjudice causé, ou à livrer son auteur à celui

---

[15] Liv. VIII. 15; Asconius, *ad* Cic. *pro Milone*; Demosth., *loc. cit.* — [16] Val. Max., VIII. 3 et 4. — [17] Demosth., *in Onetorem*, I. *in fine;* Cic. *pro Mil.*, 22. Voir, sur ce sujet, Sigonius, *de judiciis*, III. 7, et Laurentius, *de tormentis*.

qui en avait souffert [18]. Pour les crimes plus graves, les magistrats étaient appelés à prononcer. L'ordre donné par le maître n'était pas reçu comme excuse, non plus que l'intérêt de la défense personnelle, s'il s'agissait de violences exercées sur un homme libre. Voici la loi que Platon avait empruntée pour sa république-modèle à toutes les législations de son temps : « Si un esclave tue une personne libre, « même en se défendant contre elle, qu'il soit puni « comme parricide [19]. »

Dans les cas où la loi avait spécifié la peine à prononcer contre un esclave pour un crime déterminé, cette peine était toujours supérieure à celle qu'aurait encourue un homme libre [20]. Mais le plus souvent on s'en rapportait, pour le choix des peines, à l'arbitraire des magistrats. La procédure était sommaire : après l'audition de la plainte et des témoins, on entendait le maître quand il y allait de la vie de son esclave ; le juge prononçait ; l'exécution suivait de près la sentence [21]. L'échelle de la pénalité variait du fouet à la mort ; le fouet jusqu'à la lassitude de huit bourreaux [22], la mort sous les formes les plus hideuses. La croix était le supplice ordinaire des esclaves ; mais on en avait su trouver de plus ter-

---

[18] Platon, *les lois*, XI ; Dig. IX. 4, et les lois de Moïse. — [19] Les lois, XI. — [20] Loi des XII tables, II. 4. — [21] (Servos) *comprehendi jussit, causam dicere dominos, fecisse videri pronuntiavit. Quid deindè sequitur ? Verbera et ignes, et illa extrema ad supplicia damnatorum, metum cæterorum : cruciatus et crux.* Cic. *in Verrem*, v. 6. — [22] Les *Octo viri* de Plaute.

ribles encore que celui d'expirer lentement, suspendu dans les airs, par quatre plaies saignantes. Tantôt on écrasait le condamné entre deux meules, tantôt on couvrait sa tête de poix pour lui arracher ensuite la peau du crâne; ou bien on lui coupait le nez, les lèvres, les oreilles, les pieds, les mains, pour le laisser expirer ainsi d'inanition et de douleur. On appelait tout ce qu'une imagination en délire pouvait suggérer à des bourreaux, *des supplices serviles* [23].

La fuite hors du territoire de la cité était un des cas que les lois punissaient de mort [24]; mais les maîtres, au moins par intérêt, éludaient souvent la loi. Quant à ceux qui avaient pris les armes contre l'état, il n'y avait plus pour eux d'espoir de pardon. La plus terrible de toutes les lois criminelles contre les esclaves était cependant celle qui voulait qu'en cas de meurtre du maître, quel qu'en fût l'auteur, tous ceux de ses esclaves qui s'étaient trouvés sous le même toit que lui, ou qui ayant pu lui porter secours, quoique sans aucune chance de succès, ne l'avaient pas fait, fussent mis à mort; que tous les autres fussent soumis aux épreuves de la torture. On ne peut douter que cet usage, définitivement organisé à Rome sous l'empire, par le sénatus-consulte Silanien, n'y fût en pratique long-temps auparavant, puisqu'il en est fait mention comme d'une

---

[23] Liv. XXIX. 18; Lipsius, *de cruce*, 1; Vigenère, *sur Tite-Live*, 685; Laurentius, *de tormentis*. — [24] Dig. XI. 4.

chose déjà existante dans la loi de Sylla sur les meurtres [25]. Des usages analogues devaient même exister partout. César remarque que chez les Gaulois, quand un père de famille était frappé de mort violente, on faisait subir la torture à sa femme *comme à un esclave* [26].

2. Après avoir ainsi veillé à ce que l'esclave ne pût impunément troubler la paix de la cité, les lois l'abandonnaient à son maître. Il tombait sous le droit de la propriété, défini par les jurisconsultes le droit d'user et d'abuser; droit sans contrôle, droit sans limite, et qui de l'esclave embrassant l'existence entière, pour le maître n'avait de borne que sa volonté. Avant tout, et pour ainsi dire de sa nature, ce droit renfermait contre l'esclave celui de vie et de mort, également reconnu en faveur du maître chez toutes les nations [27], non comme une loi écrite, mais comme un axiome fondamental de toute législation. « Vendre un homme, dit Démosthènes, « c'est donner le droit à celui qui l'achète, de le « dépouiller de ce qu'il a, de le maltraiter, de « l'emprisonner, de le tuer [28]. » Les droits de l'hérilité ne souffraient d'ailleurs aucune modification, quelles que fussent les mains auxquelles ils étaient tombés. Le noble et le plébéien, le citoyen

---

[25] Dig. XXIX. 5. 25. — [26] *In servilem modum;* Cæs., B. G., VI. 19. — [27] *Apud omnes peræquè gentes animadvertere possumus, dominis in servos vitæ necisque potestatem fuisse.* Dig., 1. 6. 1. — [28] Demosth. *in Aristocrat.*

et l'étranger, l'infâme lui-même, avaient des droits égaux sur leurs esclaves : ils étaient tous maîtres absolus.

II. Ce n'est donc plus dans les lois, c'est dans les mœurs des anciens qu'il faut étudier quelle était chez eux la condition des esclaves sous la main de leurs maîtres. Elle variait de peuple à peuple, autant que d'homme à homme. Sparte était signalée pour la dureté de ses habitants envers leurs esclaves; Athènes pour la facilité de ses mœurs à l'égard des siens, laquelle était attribuée par les habiles, au besoin que l'on avait de leur bon vouloir pour la masse des travaux qui leur étaient confiés et qui faisaient la richesse de l'Attique [1].

1. Certaines conditions serviles apportaient partout avec elles une assez grande masse de bien-être matériel. Les esclaves publics, du moins ceux qui étaient attachés au service des temples et des magistrats, étaient généralement bien traités. Il en était de même, chez les particuliers, de ceux qui remplissaient les premiers emplois de la domesticité, des chefs des travaux industriels, des ouvriers distingués, des surveillants des travaux de la campagne [2], des bergers qu'on ménageait dans l'intérêt de leurs troupeaux [3], de la plupart des esclaves de

---

II. [1] Xénoph., *Républ. d'Athènes*; Isocrate, *Panégyrique d'Athènes*, et aliàs. — [2] Varro, *R. R.*, I. 17; II. 10. — [3] *Bubulcis obsequitor, partim quo libentiùs boves curent.* Cato, *R. R.*, 5.

luxe à cause de leur grand prix, et surtout de ceux à qui leurs maîtres permettaient d'exercer librement une profession, sous la condition d'une redevance fixe, ou d'une part dans les profits.

C'étaient là les heureux de la servitude : à ceux-là étaient réservés les jouissances de la famille et du pécule, l'espoir de l'affranchissement. Encore parmi eux les unions permanentes, qu'on peut à la rigueur appeler les mariages d'esclaves, étaient-elles toujours rares : à cause du petit nombre de femmes, de l'embarras que ces sortes d'unions causaient au maître, du peu de profit qu'il avait à en tirer; sans parler du danger toujours suspendu sur la tête du couple servile le plus heureux, de se voir par un caprice du maître, par sa ruine ou par sa mort, séparé pour jamais.

2. Il était plus facile à l'esclave d'arriver à se procurer un pécule. Le maître lui-même était intéressé à ce que chacun de ses serviteurs en eût un; il y trouvait une garantie nouvelle d'une bonne conduite à venir, et un moyen de plus de se dédommager du préjudice que la négligence ou la mauvaise volonté de son esclave pourrait lui causer. Mais les sources en étaient généralement peu abondantes. Dans les rangs inférieurs de la domesticité ou du travail, la plupart des esclaves n'avaient d'autre moyen de se créer un pécule qu'en économisant sur les chétifs aliments qu'on leur distribuait chaque jour ou chaque mois. A cela venait se joindre, pour les serviteurs

d'un rang plus élevé, ce que pouvaient leur donner les hôtes ou les convives de leur maître [4]; pour les simples ouvriers, ce que pouvait leur produire leur travail, quand ils avaient fini la tâche qui leur était imposée pour leur maître, ou pendant le temps de loisir qu'il leur laissait [5]. A la campagne, les chefs des travaux avaient quelquefois un petit champ dont on leur laissait la jouissance; les bergers avaient quelques brebis mêlées aux troupeaux de leur maître [6]. Les plus favorisés étaient ceux qui exerçaient librement une profession ou qui dirigeaient les affaires de la maison.

L'emploi des premiers deniers du pécule était en général consacré à l'achat d'un *vicarius;* on appelait ainsi à Rome l'esclave de l'esclave : c'était le dernier degré de l'échelle sociale, au-dessous il n'y avait plus rien. Quoique l'on pût trouver parmi les esclaves publics ou parmi ceux qui exerçaient librement une profession lucrative, quelques exemples d'aisance et même de richesse, l'esclave qui en possédait lui-même deux autres et dont la cellule était garnie de quelques meubles, passait pour riche [7]; car l'avidité du maître ou son orgueil, la misère ou les vices de l'esclave, lui permettaient rarement d'amasser. Les usurpations du pécule étaient si peu condamnées par les mœurs, qu'à Rome, quand le maître en vendant

---

[4] Lucianus, *de mercede conductis*, 14. — [5] Plaut., *Capt.*, III. 5. — [6] Plaut., *Asinar.*, III. 1. — [7] *Divitiæ esse debuerant duo vicarii et cella laxior.* Seneca, *de tranq. an.* 8.

son esclave n'avait rien stipulé quant au pécule, il était légalement présumé l'avoir retenu pour lui [8]. A défaut de spoliation ouverte, l'avarice avait d'ailleurs mille moyens détournés pour arracher toujours quelque chose au pécule. « Caton, dit Amyot, avait « ordonné que ses esclaves pourraient avoir la com-« pagnie des serves de sa maison pour un prix d'argent « qu'il leur taxa, avec défense d'avoir affaire à autre « femme quelconque [9]. » Qui peut avoir oublié des études de sa jeunesse ces premiers vers du Phormion, où Térence, qui avait vu de près les douleurs de la servitude, déplore avec amertume l'usage inique où l'on était de son temps d'exiger que l'esclave fît des cadeaux à son maître au jour du mariage de son fils, au jour de la naissance de son petit-fils, au jour de son initiation, aux anniversaires de ces jours de fête, réduit à se dépouiller ainsi en un jour de tout ce qu'il avait épargné pendant long-temps en trompant sa faim [10].

3. Si pourtant, sous le poids de ses privations, de ses labeurs, de toutes les tentations qui si souvent devaient l'assaillir, d'aller oublier ses maux au sein de quelques heures de débauche, l'esclave trouvait encore le courage de ramasser péniblement un pécule, toujours exposé à tant de dangers : c'est que par le pécule on arrivait à l'affranchissement. Les

---

[8] *In venditione servi peculium semper exceptum esse intelligitur.* Dig. XXI. 2. 3 et 5. — [9] Plut., *Cat. maj.*, 63. — [10] *Defraudans genium suum.* Phorm. I. 1.

derniers siècles avant notre ère avaient vu l'affranchissement se développer chez les peuples les plus civilisés, dans des proportions bien plus larges que celles qu'avait eues d'abord cette vieille institution, appelée dès long-temps à alléger au moins par l'espérance le fardeau de la servitude. Athènes, Rome, Sparte elle-même avaient donné l'exemple d'affranchir les esclaves dont elles s'étaient servies comme soldats ou comme matelots [11]. Presque partout l'affranchissement était devenu chose assez commune, pour qu'on l'eût enfin dépouillé de toute condition, de toute solennité gênantes ou difficiles. Tout homme maître de ses droits pouvait affranchir son esclave, quel qu'il fût, à moins que son titre d'acquisition ne le lui eût interdit, ce qu'il était permis à tout vendeur de stipuler [12]. A Athènes, il était défendu de donner aux affranchissements aucun apparat [13]. A Rome, il suffisait de présenter un esclave au préteur, en quelque lieu qu'il se trouvât, et de lui dire : *Je veux que cet homme soit libre.—Je te déclare libre selon la coutume des Quirites,* répondait le préteur en frappant légèrement l'esclave ou en le faisant frapper par un licteur du bout de sa baguette ; et l'esclave était libre. De chose il était devenu homme, et comme on le verra tout-à-l'heure, citoyen. Il en était de même de l'esclave que son maître faisait porter sur les registres du cens comme libre, de celui que

---

[11] Aristoph., *Ranæ*, v; Liv. XXIV. 16; Justin., III. 2, *et aliàs.*— [12] Dion Cass., LIII; Sueton., *Oct.*, 21; Dig. *passim.* — [13] S. Petit, II. 6.

le testament de son maître défunt déclarait affranchi, instituait héritier ou nommait tuteur ou curateur de ses enfants ; de même encore de celui que son maître faisait entrer dans sa famille par la voie de l'adoption ou de l'adrogation.

Le préteur reconnaissait encore comme libres celui que son maître avait déclaré tel en présence de ses amis, ou par une simple lettre ; celui qu'il avait admis à se coucher à sa table sur le lit où il était lui-même ; celui qu'un héritier avait chargé de rendre les derniers devoirs au corps inanimé de son ancien maître, ou qu'il autorisait à suivre le convoi funèbre, coiffé du *pileus*, insigne ordinaire de l'affranchissement. Aussitôt qu'il avait reçu la liberté, l'esclave rasait sa tête, consacrait aux dieux Lares, à Hercule, à Saturne, à Feronia, déesse des affranchis, quelqu'une des marques extérieures de sa servitude, un bâton ou ses armes s'il avait été gladiateur, sa chaîne s'il en avait porté une [14].

Chez la plupart des peuples, l'affranchi, en devenant libre, demeurait cependant dans la hiérarchie sociale loin du citoyen, dont on le distinguait toujours ou par un titre particulier, ou du moins par une infériorité marquée dans l'ordre des droits politiques [15]. Mais à Rome, l'affranchi, celui du moins qui avait reçu la liberté par testament, devant le

---

[14] J'aurais tant de citations à faire, que je me vois forcé de renvoyer simplement à la dissertation de Guill. de Loon, intitulée : *Eleutheria, sivè de manumissione servorum apud Romanos*, toute incomplète qu'elle est. — [15] Athénée, VI. 18.

préteur ou par son inscription sur les registres du cens, devenait de droit citoyen. C'était un vieil usage venu, d'une part, de ce qu'autrefois l'esclave du patricien devenant par son affranchissement membre de la *gens* de son ancien maître, les patriciens n'avaient pas voulu qu'un homme de leur gentilité et qui portait leur nom, pût être dans la cité l'inférieur du plébéien qu'ils ne regardaient que comme un étranger, comme un ennemi ; de l'autre, de ce que l'orgueil populaire s'était refusé long-temps à vouloir admettre aucune distinction entre l'affranchi du patricien et celui du plébéien [16].

Les longues luttes des plébéiens contre le patriciat et leur victoire définitive ne changèrent rien à l'ancienne loi. Mais les mœurs maintinrent, en tout temps, une grande différence de position sociale, non-seulement entre l'affranchi et l'ingénu, mais encore entre les enfants de l'un et de l'autre. Quand les chefs de tous les partis dans les moments où la lutte était la plus violente, Appius lorsque le patriciat allait tomber [17], Marius et César [18] lorsqu'ils frappaient à grands coups sur la vieille aristocratie, voulurent faire entrer dans le sénat des fils d'affranchis, l'indignation publique s'éleva contre eux de tous côtés. Sans ôter aux affranchis leur titre de citoyen, on prit les moyens de leur ôter toute

---

[16] L'histoire de l'affranchissement à Rome est à faire ; je me borne à en indiquer les sommités. — [17] Liv. IX. — [18] App., *B. C.*, 1; Sueton., *Jul.*

influence politique. On les jeta tous ensemble dans les quatre tribus urbaines, de toutes les plus méprisées, et quand à la faveur des troubles de la cité quelques-uns en furent sortis, on les y rejeta dès que l'ordre fut rétabli [19]. On leur dénia long-temps l'honneur de faire partie des légions. Quelques hommes cependant parvinrent à s'élever même des rangs de la servitude jusqu'aux honneurs; mais ces anomalies sociales choquaient profondément tous les esprits. Lorsqu'il voyait passer devant lui, fier de son titre de tribun et de son anneau d'or de chevalier, cet affranchi de Pompée qui, en abandonnant le fils de son bienfaiteur, avait assuré la victoire à Auguste, ce n'était pas sa trahison qu'Horace, blessé par son orgueil, songeait à lui reprocher: « La fortune, lui criait-il, ne change pas la race [20]. » L'envie avait-elle donc épargné au poète favori de Mécène, qui lui-même descendait d'un affranchi, ce cruel souvenir, que la fortune (et le génie n'est aussi qu'une fortune) ne changeait pas la race !

L'esclave, en recevant à Rome la liberté, prenait le nom de son maître. Il demeurait soumis envers lui, d'abord à toutes les conditions qui avaient été stipulées au moment de son affranchissement, touchant les sommes qu'il aurait à lui payer ou les services qu'il devrait lui rendre, ensuite à lui laisser à sa mort une partie de sa succession, réglée par le

---

[19] Cic., *de orat.*, 1; Liv., *Epist.* XX. LXXVII. LXXXIV; *Acad. des insc.*, IV: Boindin, *Discours sur les tribus romaines*. —
[20] *Fortuna non mutat genus.* Horat., *Epod.* IV.

préteur selon le nombre et la proximité de ses héritiers naturels. Le patron, c'est ainsi qu'on appelait l'ancien maître de l'affranchi, devait de son côté protéger son nouveau client, servir de tuteur à ses enfants, et le nourrir même dans le besoin, ou renoncer aux droits du patronat [21]. En cas d'ingratitude de l'affranchi, le patron pouvait l'exiler à trente milles de Rome. Peut-être avait-il encore d'autres droits ; mais, pour le temps antérieur à l'empire, l'étendue du droit de discipline des patrons sur leurs affranchis est encore mal connu [22]. A Athènes on avait contre l'affranchi ingrat l'action d'apostasie, dont le résultat était de rendre au maître tous ses anciens droits [23]. A Marseille, le maître pouvait par trois fois reprendre l'esclave qu'il avait affranchi, seulement en déclarant qu'il avait été frauduleusement amené à prononcer son affranchissement [24].

Rome n'était pas seulement la cité où les affranchissements donnaient le plus de priviléges, elle était aussi celle où ils étaient le plus fréquents. Ils s'y multiplièrent surtout pendant les derniers siècles de la république. La multitude des esclaves que les victoires de Rome y amenaient, les hauts mérites de quelques-uns, le grand nombre de serviteurs que possédaient les hommes opulents, et d'autres causes encore contribuèrent à produire ce résultat. Ce fut

---

[21] Schweppe, *Römische Rechtsgeschichte*, 354-365. — [22] Hugo, *Histoire du droit romain*, 70 et 115. — [23] S. Petit, I. 6. — [24] Val. Max., II. VI.

un luxe d'avoir beaucoup d'affranchis, comme c'en était un d'avoir beaucoup d'esclaves ; d'autant que ce n'était pas toujours un luxe infertile, soit à cause des riches tributs que l'on tirait de quelques-uns, soit à cause des moyens d'influence politique que l'on pouvait se créer, en jetant parmi le peuple un certain nombre d'hommes dévoués, choisis, prêts à tout faire pour leur bienfaiteur [25]. Quelques-uns se rachetaient sur leur pécule, faculté généralement accordée à ceux qui avaient été vendus ou par leurs pères, ou comme insolvables, du moins dans leur cité natale, et qu'on dit même avoir été reconnue à Athènes en faveur de tous les esclaves, mais sans preuves suffisantes et contre toutes les apparences. D'autres obtenaient leur liberté pour s'être faits les complaisants de tous les vices, les séides de tous les crimes de leurs maîtres. On en faisait de grandes plaintes à la fin de la république [26]. Mais les affranchis, la plupart portés à la liberté ou par leur industrie ou par leur audace, et poussés ensuite à la fortune, du moins beaucoup d'entre eux, par les mêmes forces qui les avaient faits libres; si nombreux que, dès le temps des guerres puniques, Scipion faisait taire la foule qui grondait au *Forum* en la traitant de faux enfants de l'Italie [27]; les affranchis, dis-je, formaient alors dans Rome un ordre trop puissant pour que l'on osât rien entre-

---

[25] Les dix mille Corneliens de Sylla.— [26] Dionys. Halyc., *Ant. rom.*, IV. — [27] Aurélius Victor, LVIII.

prendre contre lui. Il était réservé à l'empire de faire rentrer dans son lit ce torrent débordé [28].

III. 1. Quelque nombreux que pussent paraître les affranchissements à ceux qui ne voyaient que Rome, et dans Rome, que quelques scandales éclatants, quelques apparences trompeuses, la vérité n'en était pas moins que la très-grande majorité de ceux qu'atteignait la servitude, y mourait. L'affranchissement ne tombait guère que sur deux classes d'esclaves, qui ne formaient à elles deux qu'une faible partie de leur ordre immense : les serviteurs proprement dits et les esclaves de luxe. A ceux-là seuls on doit rapporter à peu près tout ce qui a été dit jusqu'ici sur les affranchissements, sur le pécule et sur les autres priviléges des heureux de la servitude. La foule, les ouvriers des champs, des fabriques, des ateliers, ceux qui remplissaient véritablement dans la société leur rôle d'instrument de travail, ceux qui formaient enfin véritablement la classe esclave, étaient autrement gouvernés. L'intérêt du maître leur servait de loi ; ils n'étaient pour lui qu'un capital, dont la bonne administration consistait à savoir en tirer le plus de profit possible, avec le moins de frais possible.

2. Les lois n'avaient rien réglé, chez aucune nation, sur la nature ou la quantité des aliments

[28] Ce fut l'objet des trois lois *Ælia Sentia*, *Furia Caninia* et *Junia Norbana*, rendues sous Auguste et sous Tibère.

que chacun devrait donner à ses esclaves. En Grèce, depuis que le pain avait cessé d'être la nourriture privilégiée des héros, fils de Jupiter [1], on donnait en général une chénice de blé par jour à chaque esclave, et quelques figues sèches ou des légumes [2]. A Rome, on donnait quatre à cinq modius de blé et un sextarius d'huile *a* par mois; de plus, des olives, ou de la saumure, ou du vinaigre; enfin, aux ouvriers des champs, environ dix quadrantals de vin par homme [3]. Il entrait dans ce vin, selon la recette que nous en a donné Caton, dix parties de moût, deux de fort vinaigre, deux de vin cuit, cinquante d'eau douce et une et demie d'*eau de mer vieillie* [4]. « Ce qui restera de la provision au « solstice suivant, ajoute-t-il, fera du vinaigre très- « fort et très-bon. »

C'était là ce que donnaient à leurs ouvriers les bons pères de famille, aisés, éclairés, ceux qui savaient qu'une bonne économie, pour ménager le présent, ne doit pas tuer l'avenir. Le petit propriétaire besogneux qui n'avait pas toujours de quoi donner assez, l'avare qui craignait toujours de donner trop, donnaient ce qu'ils voulaient [5]. Dans les moulins, on passait souvent au cou de ceux qui tournaient la meule une planche percée par le

---

a Soit la chénice 1 litre 0,08; le modius 8 litres 0,64; le sextarius 0,54 de litre; le quadrantal 25 litres 0,92.

[1] Odyss., III. 479, et VIII. 118. — [2] Athénée, VII. — [3] Caton, *R. R.*, 56-58. — [4] *Aquæ maris veteris*, id., *ib.* 104. — [5] Théophraste, 10.

milieu [6], afin de les empêcher de porter à la bouche la farine que de leurs mains ils auraient pu dérober. Les historiens anciens avouent qu'une des causes de la première guerre servile de Sicile, fut le dénuement absolu où les hommes les plus riches de la contrée laissaient leurs esclaves [7].

Il n'y avait pas, à proprement parler, de vêtement distinctif pour la population servile. Il paraît cependant que le pallium et la palla dans la Grèce, la toge, la stole, la prétexte et la bulle des adolescents ingénus, à Rome, lui étaient interdits, ainsi que l'usage des anneaux. Caton dit qu'il suffit de donner aux ouvriers des champs une tunique tous les trois ans, une saie et une chaussure tous les deux ans. Il recommande d'avoir soin, en donnant les vêtements neufs, de reprendre les vieux pour en faire des couvertures [8]. Communément l'esclave allait nu-tête et nu-pieds ; mais, pour les mauvais jours, celui de l'homme riche et bon avait des sculponées, espèce de sabots, un capuchon et des manches de laine ou de peau. Les pêcheurs, les bergers portaient la dalmatique à manches, les femmes esclaves une tunique qui descendait à mi-jambes [9].

Beaucoup d'esclaves avaient la tête rasée [10], quel-

---

[6] *Pausicape*, **Pollux**; VII. — [7] Diod. *Eclog.*, 36. — [8] *Op. cit.*, 59. — [9] Ferrarius, *de re vestiariâ*, III; Lipsius, *Electorum*, I. — [10] Δουλοσ ων κομην εχεισ. *Servus cum sis comam habes. Ingenuorum enim est comam habere.* Suidas. Il en était de même chez presque tous les peuples Germains.

ques-uns d'un seul côté ; beaucoup étaient marqués au front ou à la joue : quelques-uns par un simple tatouage, d'autres au fer chaud. On couvrait quelquefois de ces stigmates tout le visage d'un esclave ; tantôt c'était le nom du maître qu'on y écrivait, tantôt quelque phrase comme celle-ci : Je suis un fugitif, je suis un voleur. Aucuns plus raffinés couvraient de sentences ou de vers le visage de leurs gens [11]. Le nombre des esclaves ainsi marqués était très-grand. Xénophon parle comme d'une chose toute simple de marquer de cette façon les nombreux esclaves dont il conseille qu'on fasse l'achat pour la république [12].

Quand l'esclave était malade, c'était au maître à en prendre soin. Les gens riches avaient des infirmeries pour leurs nombreux serviteurs [13]; mais il n'y avait à cet égard d'obligation pour personne, et le temple d'Esculape regorgeait toujours d'esclaves moribonds, que leurs maîtres y avaient déposés pour les venir reprendre, s'ils guérissaient, ou pour s'épargner de les voir mourir [14]. La morale antique n'établissait aucune espèce de devoir pour le maître en faveur de l'esclave. « Que le père de famille, « disait naïvement Caton, vende ses vieux bœufs, ses « animaux chétifs, ses brebis chétives, sa laine, ses « peaux, ses vieux chars, ses vieilles ferrailles,

---

[11] Suidas, verb. Ατταγασ; Lipsius, *Elect.*, II. 15. — [12] *Des revenus*, III. — [13] Id., *ib.*; Colum., XI et XII. — [14] L'empereur Claude fit, le premier, une loi pour déclarer libre tout esclave ainsi abandonné. Sueton., *Claud.*, 25.

« *l'esclave vieilli, l'esclave maladif*; et s'il a encore
« quelque chose de trop, qu'il le vende [15]. » Ne
faisons pas de ces rudes paroles une tache à la mémoire de l'illustre censeur. Homme de bien, homme
sage, éclairé, de mœurs faciles et douces (caractère
essentiel de la bonté naturelle), Caton, quand il les
écrivit, ne soupçonnait pas plus que ses contemporains que l'on pourrait jamais s'en étonner : c'étaient
les mœurs de son temps. Comme vous vendez pour
la boucherie le bœuf qui ne peut plus traîner vos
charrues, on vendait alors pour la mine ou le moulin
l'esclave faible ou vieux, qui n'était plus bon qu'à
tourner la meule.

Après la mort d'un esclave, vers le soir, un de ses
compagnons, retirant le cadavre de l'étroite cellule,
allait le porter sans pompe et sans bruit dans la fosse
commune à la population servile et aux animaux [16].

Tels étaient les usages reçus touchant l'entretien
des esclaves par leurs maîtres; c'est de cela qu'Aristote
disait que le salaire des esclaves était dans leur entretien [17]. Tout ce que le maître pouvait ensuite tirer
de leur travail était à lui, sans que nul réglement
ayant autorité le contraignît en rien sur la nature ou
sur la durée de la tâche journalière qu'il lui plaisait
d'exiger. Tout poussait, au contraire, le maître à
exiger beaucoup. Autant comme d'une bonne politique que comme d'une bonne économie domestique,

---

[15] *R. R.*, 2, *in fine*. — [16] *Hic priùs angustis ejecta cadavera cellis, conservus, vili portanda locabat in arcâ.* Horat., *Satir.*, 1, 8; Meursius, *de funere*, VIII. — [17] *Œcon.*, 1. 5.

Aristote approuve fort ce proverbe grec : « Point de « repos aux esclaves [18]. » Caton avait coutume de dire que l'esclave, en ne faisant rien, apprenait à mal faire [19]. Les vieilles lois religieuses voulaient, à la vérité, qu'on donnât quelque repos aux esclaves des champs les jours fériés ; mais tant de travaux étaient exceptés qu'il y en avait toujours, même chez les gens pieux, pour occuper encore tout le monde ces jours-là [20].

3. Cependant le paganisme avait aussi fait aux esclaves leur part dans ses fêtes. Quand le soleil revenant sur ses pas reprenait sa course vers notre hémisphère, on célébrait, en Italie, la fête du vieux Saturne, le *Chronos* des Grecs, dernier représentant de toutes les religions oubliées ou vaincues ; la fête d'Ops, l'épouse de Saturne, la terre fertilisée, la nourricière du genre humain, suivait celle-là ; les Sigillaires venaient après. Vers la fin de l'ère païenne, ces trois solennités formaient un total de sept jours, desquels trois étaient des jours de fêtes, quatre des jours fériés seulement [21] : c'étaient les jours qu'on appelait les Saturnales. L'ivresse, la débauche, le bruit étaient en ces jours-là permis aux esclaves ; on leur donnait non la liberté, mais la licence.

---

[18] Ου χολη δουλοις. Arist., *Polit.*, VII. 8 ; Erasm., *Adag.*, 2132. — [19] Columela, XI. 1. — [20] Cato, *R. R.*, 2 et 138 ; Colum., II. 22 ; XI. 1 ; Virg., *Georg.*, I. 268. — [21] Macrobius, *Saturnalium*, 1.

Les Compitales, fête mobile, dont le préteur annonçait solennellement le jour pendant le mois de janvier [22], les Matronales, célébrées en mars, en l'honneur du dieu de la guerre [23], les Ides Sextiles, consacrées à Diane et à Hercule, et qu'on disait à Rome être l'anniversaire de la naissance du bon roi Servius Tullius, le fils de la captive [24], étaient aussi généralement des jours de fête et de repos pour les esclaves. Chaque contrée, chaque peuple avait ainsi quelque fête pour sa population serve : Athènes les fêtes d'Anthestérion, Trézène celles de Gérestion, la Crète celle du dieu Mercure ; les Pélages avaient eu leurs Pélonies, les Babyloniens leur fête de Sacès, pendant le mois de Loüs [25]. En Italie, où ces sortes de fêtes étaient les plus nombreuses, elles enlevaient au travail environ dix jours par an. Ce devait être assez, selon les hommes graves, « pour que de telles « marques d'humanité rendissent les esclaves dociles, « attachés à leurs maîtres, et disposés à supporter « pendant tout le reste de l'année l'inclémence de la « fortune à leur égard [26]. » Tout le temps de l'esclave en dehors de ces dix jours appartenait à son maître et devait être à son profit consacré au travail.

4. Déterminer avec précision ce que chaque esclave pouvait rapporter à son maître serait impossible, à cause de la différence que l'intelligence,

---

[22] *Noct. att.*, x. 24. — [23] Ovid., *Fast.*, III. — [24] Plut., *Questions romaines*, 100. — [25] Athénée, xiv ; Dion Chrysostome, *de regno*, 4. — [26] Dionys. Hal., *Ant. rom.* VI.

l'éducation, la force et la bonne volonté pouvaient mettre entre le produit de chacun ; quelques données permettent cependant d'apprécier, d'une manière générale, quel pouvait être le rapport ordinaire entre le prix d'un esclave destiné au travail et le revenu qu'en tirait son maître. Nicias recevait un obole[b] par jour pour chacun des ouvriers qu'il louait à Sosias, entrepreneur des mines; celui-ci était de plus obligé de fournir à leur entretien et de remplacer ceux qui venaient à mourir pendant la durée du bail [27]. Les cinquante-deux ouvriers de Démosthènes lui rapportaient environ chacun un obole et demi par jour [28]. Les huit corroyeurs de Timarque en produisaient chacun deux à leur maître, et leur chef trois [29]. Les quarante mille ouvriers des mines d'argent de Carthagène produisaient au peuple romain un revenu journalier de 25,000 drachmes, environ trois à quatre oboles par homme[30], desquels il faut prélever le revenu de la mine elle-même. Le cuisinier de l'*Aulularia* de Plaute dit [31] que la journée lui est payée un *nummus* [c].

On peut admettre d'après ces bases, qu'un ouvrier de valeur moyenne devait rapporter à son maître un obole et demi par jour [d], tous frais faits. Et comme les frais ne pouvaient guère s'élever au-

---

[b] 15 centimes. — [c] 24 centimes. — [d] De 20 à 25 centimes.

[27] Xénoph., *des revenus*, IV; Athén., VI. — [28] Demosth. *in Aphob.*, 1. — [29] Esch. *in Timarch.* — [30] Strab. III. — [31] III. 2.

dessus d'une somme égale à celle-là [32], c'est à trois oboles environ qu'il faut porter le prix total de ce que coûtait le louage d'un ouvrier esclave de valeur moyenne à celui qui l'employait. Le louage d'un ouvrier libre était assurément plus cher [33]; car avec trois oboles un homme libre n'aurait pas pu nourrir sa famille. Le peu de détails que nous possédons, à cet égard, confirme cette première induction, que fortifient encore les données positives acquises par la science sur la paie militaire chez les anciens. En Grèce elle était, au moins, de deux oboles par jour; à Rome elle fut, jusqu'au temps de César, de neuf deniers par mois [e]; sommes auxquelles on en ajoutait une autre, au moins égale, pour la nourriture et l'entretien [34]. Or il n'est pas possible, et les raisons en sont trop claires pour qu'il soit besoin de les reproduire ici, que la paie du soldat fût au-dessus du salaire d'un ouvrier libre.

Le placement des capitaux, en ouvriers esclaves, devait donc rapporter environ de trente à quarante pour cent par an, à une époque où l'intérêt ordinaire de l'argent était de douze à seize pour cent [35]. En six ans environ, un esclave avait produit à son maître une somme double du prix qu'il lui avait

---

[e] 25 centimes par jour environ.

---

[32] Boeckh, 1. 20; Hamberger, *de petiis rerum apud veteres romanos*; ouvrage très-rare en France et très-insuffisant. — [33] Boeckh, 1. 21. — [34] Id., *ib.*; et Letronne, *Considérations générales sur l'évaluation des monnaies grecques et romaines*, pag. 28. — [35] Boeckh, 1. 22; Salmaz., *de modo usur.*

coûté. Ne serait-ce pas sur cette base que se serait établi, parmi les grands de Rome, l'usage attesté par Cicéron, de mettre en liberté le *captif* honnête et laborieux, après six ans de servitude [36]?

5. Mais il y avait de plus larges profits et de plus prompts surtout, pour le maître qui savait ne reculer devant aucun moyen de discipline, devant aucune espèce d'industrie. La discipline de l'esclavage avait été l'objet spécial des méditations de tous les sages. Ils reconnaissaient que c'était « une ma-« tière fort difficile [37] »; mais sur les règles principales ils étaient, en général, d'accord avec la foule. Il fallait d'abord éviter de n'avoir que des esclaves d'une seule et même nation [38], afin qu'il fût facile de maintenir entre eux la division, leur union tournant le plus souvent contre le maître. Il fallait ensuite éviter toute espèce de familiarité avec ses gens [39], afin de les tenir toujours dans le respect et dans la crainte. « Parle à tes esclaves par mono-« syllabes », disait le proverbe [40]. L'affection d'un maître pour un esclave était réputée faiblesse : Cicéron s'excuse auprès de son ami d'avoir été plus touché de la mort de l'aimable enfant qui lui ser-

---

[36] *Cum in spem libertatis sexennio post simus ingressi, diutiùsque servitutem passi, quàm* captivi *frugi et diligentes solent.* Cic., *Philippica*, VIII. 11. — [37] Arist., *Polit.*, II. VI. — [38] Plat., *les lois*, VT; Arist., *Œcon.*, I; Plut., *Cat. maj.*, 44. — [39] Plat., *loc. cit.* — [40] *Omnis herus servo monosyllabus.* Erasm., *Adag.*, 2393.

vait de lecteur, qu'il ne lui convenait de l'être de la perte d'un esclave [41].

La crainte devait être le principe organisateur du gouvernement du maître. « Il faut que l'esclave « craigne, dit Plaute, même quand il est irrépro- « chable [42]. » Il fallait, surtout, quand un esclave avait failli, ne pas s'en tenir à de simples répri- mandes, « comme on fait, dit Platon [43], à l'égard « d'un homme libre », mais le punir, c'est-à-dire le fouetter. Le fouet était le sceptre de l'hérilité. « L'esclave fouetté, disait encore la sagesse des « nations, n'en est que plus obéissant [44]. » Chaque maison, chaque atelier, chaque exploitation rurale avait ses fouetteurs (*lorarii*), personnages indispen- sables dans toutes les comédies. Les hommes les plus graves, loin de répugner à faire fouetter leurs es- claves, se chargeaient quelquefois de leur administ- trer eux-mêmes ce châtiment. « Je te frapperais, « disait Platon à l'un des siens, si je n'étais pas en « colère » ; et, disant cela, il le donnait à fouetter à l'un de ses disciples [45]. « Caton qui, pour parler « comme Amyot, procurait toujours par subtils « moyens qu'il y eut noise et dissention entre ses « gens, incontinent après le souper fouettait lui- « même avec une escorgée ceux qui avaient failly de

---

[41] *Puer festivus, anagnostes noster, Sositheus decesserat, meque, plus quàm servi mors debere videbatur, commoverat.* Cic., *ad Att.*, I. 12. — [42] *Servi qui culpâ carent et metuunt, ii solent esse hero utibiles.* Menech., v. 6. — [43] Les lois, *loc. cit.* — [44] *Verberatus Phryx obsequens erit magis.* Erasm., *Adag.*, 736. — [45] Laërt., *Plat.*, 39.

« servir à table, ou d'apporter quelque chose que
« ce fût [46]. »

Il y avait comme une sorte de liaison nécessaire entre l'idée d'esclave et celle de fouet. Si une courtisane reconnaissait un affranchi, c'était aux callosités que le fouet avait laissées sur son dos [47]. Si Antigone refusait pour l'un de ses esclaves le droit de bourgeoisie que lui offrait la ville d'Athènes; c'était, disait-il, qu'il ne voudrait pas faire fouetter un Athénien [48]. Si Horace voulait rappeler à Ménas sa première condition, ce qu'il lui rappelait d'abord, c'étaient les traces que les courroies d'Ibérie avaient laissées sur ses flancs [49]. Il est incroyable tout ce que Plaute a trouvé de mots et d'idées comiques à propos des coups de fouet, toujours si généreusement distribués à tous les esclaves qui figurent dans ses comédies. Platon ne dissimule pas que chez beaucoup de gens c'était un système de gouvernement domestique, qu'il fallait « traiter les esclaves comme des
« bêtes féroces, et rendre leur âme vingt fois plus
« esclave encore à force de coups et d'étrivières [50]. »

Trop hideux serait le tableau que l'on pourrait tirer des auteurs anciens, qui se sont attachés à peindre les mœurs de leur temps, si l'on réunissait tout ce qu'ils nous ont laissé voir de la conduite de beaucoup de maîtres à l'égard de leurs esclaves. Souvent pour les fouetter, on pendait les hommes par

---

[46] Plut., *loc. cit.* — [47] Athénée, XIII. — [48] Plut., *Apophthegmes des rois*, 30.— [49] *Ibericis peruste funibus latus, et crura durâ compede.* Epod. IV. — [50] *Les lois*, VI.

les mains avec un poids de cent livres aux pieds ; les femmes par les cheveux. Des supplices atroces, que l'on s'étonne avoir pu être imaginés, étaient ordonnés pour des fautes légères, contre des femmes, contre des enfants, souvent sans réflexion, toujours sans appel, exécutés sur l'heure, sans que le magistrat le plus élevé en dignité eût le droit de s'interposer entre l'esclave le plus méritant et le maître le plus stupide et le plus féroce. Pollion, homme éclairé, poli, fastueux, fit jeter à ses murènes un esclave qui, par maladresse, avait brisé un vase de cristal [51]. Auguste fit mettre en croix un de ses intendants, dont le crime était d'avoir tué une caille de combat pour la manger [52]. On admirait l'humanité de César, qui s'était contenté de faire *simplement mourir* [53] un de ses serviteurs, accusé d'avoir conspiré contre lui.

Ce que dit Plutarque, que les esclaves injustement maltraités par leur maître sont admis par la loi à demander aux magistrats qu'on le force à les vendre sans délai [54], ne peut être entendu, même pour Athènes, comme on l'a voulu faire, des temps antérieurs à l'empire. Aucune mention précise de cette coutume n'est faite par les écrivains des beaux temps de l'Attique ; et quant aux passages tirés d'Aristophane ou de Plaute que l'on a voulu y rapporter [55], ils ne font allusion qu'à l'usage où étaient

---

[51] Seneca, *de irâ*, III. — [52] Plut., *Apophthegmes des Romains*, 20. — [53] *Non graviùs quàm simplici morte puniit.* Suet., *Jul.*, 74.— [54] Plut., *de la Superstition*.— [55] S. Petit, *Leg. att.*, II. VI ; *Pollux*, VII. 2.

les esclaves d'aller, lorsqu'ils craignaient la fureur de leurs maîtres, se réfugier près d'un autel pour laisser passer les premiers moments de leur colère, et non dans l'espoir de se soustraire à leur puissance. Quand on ne contestait pas au maître la plénitude du droit de vie et de mort, pouvait-on lui contester la plénitude du droit de châtier à sa manière ?

IV. 1. Il est du moins certain qu'hors d'Athènes nulle atteinte n'avait été portée par les lois aux droits d'hérilité. Sénèque le rhéteur suppose qu'on accuse de lèze-république, crime vague qui s'appliquait à tout ce que les lois n'avaient pas expressément prévu, un mendiant qui, ayant recueilli des enfants exposés par leurs parents, les avait dressés à mendier comme lui, et pour attirer sur eux la pitié, avait crevé les yeux à l'un, brisé les jambes à l'autre, arraché la langue à un troisième. Mais la réponse dont il donne le canevas en faveur du mendiant est victorieuse. « Les pères qui exposent leurs enfants, lui fait-il dire, le *lanista* qui dresse ses esclaves aux combats du cirque, le *leno* qui force les siens à se prostituer, l'homme opulent qui, pour satisfaire de honteuses passions, mutile ses plus beaux esclaves et enchaîne les autres dans ses ergastules, ne font-ils pas tous pis que moi, et cependant contestez-vous leur droit d'ainsi faire [1] ? » Le mendiant de Sénèque avait raison : le cirque, le lupanar, l'ergastule, non pas

---

IV. [1] Seneca, *Controvers.*, x. 4.

seulement tolérés, mais pour ainsi dire encouragés par les lois, avaient vraiment bien d'autres horreurs que les mutilations qu'on lui reprochait.

2. Du vieil usage, jadis commun à tous les peuples, d'immoler aux dieux ou aux morts des ennemis prisonniers, était né celui de les faire combattre d'abord autour des bûchers ou des tombeaux, ensuite dans les fêtes et jusque dans les banquets [2]. On en était venu, enfin, à dresser ou des condamnés ou des esclaves pour ces sortes de combats. De la Campanie les jeux de gladiateurs avaient été importés à Rome par un descendant des Brutus [3]. Là encouragés d'abord par le sénat, qui n'y vit qu'un spectacle propre à fortifier le peuple contre la crainte de la douleur et de la mort [4], ils obtinrent bientôt toute la faveur du peuple. Les hommes les plus graves avouaient qu'ils étaient charmés et attirés par ces jeux [5]. La foule pour y courir abandonnait le théâtre, le forum, toutes les affaires. Donner des jeux de gladiateurs était un moyen si sûr de gagner le peuple, qu'on fut obligé d'interdire par une loi, à tous ceux qui prétendraient aux fonctions publiques, d'en donner pendant l'année qui devait précéder leur candidature et pendant celle qui devait la suivre [6]. Vers la fin de la république, ce fut comme un luxe néces-

---

[2] Lipsius, *Saturnalium sermonum libri duo;* Ferrarius, *de Gladiatoribus;* Maffei, *de Amphitheatris...,* etc. — [3] An. 409. U. C. Liv. IX. 40. — [4] *Oculis nulla poterat esse fortior contrà dolorem et mortem disciplina.* Cic., *Tuscul.,* II. 17. — [5] *Ludis oblectamur et ducimur.* Cic., *pro Murenâ,* 19. — [6] Cic. *in Vatinium,* 15.

saire à tout ambitieux d'avoir à ses gages de nombreux gladiateurs, soit pour servir d'abord de gardes et de séïdes à leur maître, soit pour aller ensuite amuser le peuple par leur mort.

Ce n'étaient pas des jeux d'enfant que ceux-là. Une fois amenés dans l'enceinte de ces vastes amphithéâtres, où s'asseyaient jusqu'à deux cent soixante mille spectateurs, les combattants appartenaient à cette foule impitoyable. Elle était bientôt lasse des combats au bâton ou au fer émoussé [7], il lui fallait du sang, il lui fallait des morts. Lorsque la foule debout, la main fermée, élevant le pouce, demandait à grands cris la mort du blessé qui était tombé lâchement ou sans grâce, le vainqueur, s'il ne voulait pas lui-même encourir cette redoutable colère, devait, sans hésiter, se hâter de porter le coup mortel [8]. Il fallait s'appeler Caius Julius César pour oser faire enlever de l'amphithéâtre un gladiateur dont le peuple avait ordonné la mort [9] !

Comme il pouvait tuer, le peuple au cirque pouvait aussi affranchir; mais il y avait une classe de gladiateurs [10] à qui toute espérance était interdite : ceux que les magistrats ou que leurs maîtres avaient condamnés d'avance à périr. Si vers la fin des jeux il restait encore quelqu'un de ceux-là, on les livrait aux bêtes féroces, réservées pour les plaisirs du

---

[7] *Ponite jam gladios hebetes, pugnetur acutis.* Ovid. — [8] Tertullianus, *de Spectaculis.* — [9] Suéton., *Jul.* — [10] *Consummati.* Lipsius.

peuple. Comme il aimait à voir mourir, le peuple aimait à voir dévorer.

Introduits d'abord dans la Grèce par Persée, et portés ensuite dans tout l'Occident par les armées et les colonies romaines, les jeux de gladiateurs virent, avant la fin de l'ère païenne, toutes les richesses de l'art et du luxe employées à relever leur éclat. On donnait aux combattants des armes et des vêtements magnifiques; on les faisait instruire pendant long-temps par des maîtres habiles. Il y avait des éleveurs, il y avait des négociants de gladiateurs [11]. On avait varié sous mille formes les armes et le mode du combat; mais le grand luxe consistait surtout à faire paraître beaucoup de gladiateurs dans le cirque. César, dans une seule circonstance, en fit combattre trois cent vingt paires [12].

3. Quand de la mort d'un esclave on faisait ainsi au grand jour un objet de spéculation et de plaisir, que pouvait-on respecter en lui? On sait toute la lubricité des mœurs antiques; c'était une politesse fort louée que livrer à son hôte ou à son convive une ou deux belles esclaves, ou un enfant dont il avait remarqué la jolie figure [13]. Le peuple le plus grave croyait avoir beaucoup fait, quand il avait défendu

---

[11] .... *Olympus negotiator familiæ gladiatoriæ*.... Fragment d'une inscription du musée d'Arles. — [12] Plut., *Cæsar*. Sous l'empire on alla plus loin encore, mais on commença par restreindre le droit du maître de livrer au cirque ses esclaves; ce fut l'objet de la loi *Petronia*. — [13] Plaut., *Mercator*, prolog.; Plut., *Crassus*, 5; Donatus, *Vita Virgilii*, 10.

que l'on prostituât des enfants de condition libre [14]. Pour ceux de condition servile, l'abus que pouvaient en faire leurs maîtres était chose si commune, que, pour eux, avoir été les instruments des vices les plus infâmes n'était pas une tache, même quand ils étaient devenus libres. Qui jamais pensa dans l'antiquité à reprocher à Phédon, l'un des trois disciples qui virent mourir Socrate, l'ami de Platon, le fondateur d'une école illustre, les turpitudes auxquelles esclave il s'était soumis, lorsque, vendu par Sparte avec tous ses concitoyens, il s'était vu, malgré son illustre naissance, jeté par son maître dans un infâme lupanar [15] ?

Oh! la prostitution marchait le front levé dans toutes ces cités fameuses du monde antique. Ici, comme à Corinthe, elle prenait place dans le temple, livrant aux caprices du peuple mille jeunes filles esclaves [16]. Ailleurs, sous la protection des lois, elle dressait, elle élevait ses victimes, dès l'âge le plus tendre, à des vices dont aujourd'hui nos bagnes seuls se souviennent ; elle mutilait ceux-ci pour prolonger avec leur enfance leur infâmie, ceux-là pour servir d'instrument aux vices des autres. Elle affichait à sa porte une enseigne non méconnaissable. Sur la place publique, aux pieds des autels, au milieu des fêtes, elle étalait sa marchandise. Elle en avait pour tous les rangs, pour toutes les classes,

---

[14] Plut., *Quæst. rom.*, 101. — [15] Laërt., *Phædo;* A. Gell., *Noct. att.* — [16] Strab., VI.

même pour les esclaves. Il lui fallait partout des milliers et des milliers de victimes ; mais elle savait où les prendre. Elle allait les ramasser, non pas comme aujourd'hui, en se cachant, dans la fange et dans la misère, mais au grand jour, l'or en main, sur tous les marchés, sur tous les champs de bataille. Elle les traînait de là dans son antre, malgré leurs cris, malgré leurs larmes, tout au travers des cités, aidée, soutenue par les lois, par les magistrats, par les armées. Athènes rapportait à Solon l'honneur d'avoir le premier acheté de jeunes filles pour les plaisirs du peuple [17]. Après la défaite des Cimbres, au moment où l'on était prêt à attaquer leur camp, les femmes offrirent de le rendre, si l'on voulait s'engager à respecter leur chasteté ; mais Marius refusa [18]. Qu'aurait dit le peuple romain, si de cette grande victoire il ne lui était revenu ni des gladiateurs pour ses cirques, ni des femmes et des enfants pour ses lupanars ?

4. C'était quelque chose encore pour le gladiateur que de mourir à la face du soleil, les armes à la main, au bruit des applaudissements du peuple ; pour la courtisane, que de marcher parée, fêtée : tous deux l'espoir de la liberté devant les yeux. Mais au fond de l'ergastule il n'y avait ni soleil, ni armes, ni plaisirs ; il n'y avait de bruit que celui des chaînes, il n'y avait d'espoir qu'en la mort. Les Romains appelaient *ergastulum* le lieu où l'on enfermait les

[17] Athénée, XIII. 3. — [18] Plut., *Marius*, 46.

esclaves qui travaillaient enchaînés. C'était un vieil usage que celui d'enchaîner les esclaves, afin de les empêcher de fuir. On le voit pratiqué chez les Egyptiens [19], à Carthage [20], dans la Grèce [21], dans la grande Grèce [22], chez les Germains [23], à Rome enfin, où, dès ses premiers temps, les débiteurs plébéiens se plaignaient surtout de ce qu'on les tenait enchaînés comme des esclaves; de ce que la maison de chaque patricien était, pour eux aussi, un ergastule [24]. A Sybaris, le service des bains publics était fait par des esclaves enchaînés [25]. A Rome, la plupart des concierges ou portiers étaient attachés près de la porte de la maison comme nos chiens de garde [26].

L'agriculture et l'industrie employaient surtout un grand nombre d'esclaves enchaînés. Tous les ouvriers des mines et des carrières portaient des chaînes; ceux-ci au cou, ceux-là aux pieds. Il en était de même de beaucoup d'ouvriers des manufactures : Platon parle de forgerons [27], Appien d'ouvriers des arsenaux [28], enchaînés; Xénophon fait mention d'ouvriers des champs portant la chaîne [29]. En Italie, les *vincti* ou *compediti*, comme on les appelait, formaient une classe à part parmi les esclaves. Caton les distingue avec soin de ceux qui formaient la *familia* proprement dite, et trace des règles particulières

---

[19] Diod., III et V. — [20] Appian., *B. Pun.* — [21] Xenoph., *Œcon.*, III. — [22] Athénée, XII. — [23] Tacit., *German.* — [24] *Ergastulum et carnificina.* Liv. II. 23; VII. 4. — [25] Athen., *loc. cit.*— [26] Ovid., *Amor.*, I. 6; Suet., *de claris rhetor.*, 3; Columel., *R. R.*, I. I.. — [27] Plat., *la République*, VI. — [28] Appian., *B. Mithrid.* — [29] *Loc. cit.*

pour leur régime alimentaire : quatre à cinq livres de pain *a* chaque jour, du vin les jours de travail, rien de plus [30]. On ne peut douter que tout ce qui était simplement ouvrier des champs ne fût habituellement enchaîné : les fossoyeurs, les laboureurs, les ouvriers sédentaires. L'ergastule faisait une partie essentielle des bâtiments de tout domaine rural. « Il « faut, dit Columelle, pour les esclaves libres des « cellules exposées au midi ; pour les *vincti*, un « ergastule souterrain, percé de beaucoup de fenêtres « étroites et assez élevées au-dessus du sol pour qu'on « ne puisse y atteindre avec la main : le tout aussi « sain que possible [31]. »

Il semble qu'on n'enfermait guère plus de dix à quinze esclaves dans chaque ergastule [32]; c'était bien assez pour rendre redoutable cette réunion d'hommes, qui n'avaient d'espoir que dans la révolte, car au fond de l'ergastule il n'y avait ni pécule, ni affranchissement à attendre. Le fouet en main, l'ergastulaire, esclave particulièrement recommandé au maître par les habiles [33], y gouvernait sous la surveillance de l'intendant du domaine. Celui-ci tous les jours, et le maître lui-même quelquefois, devaient, disaient les économistes, « s'assurer d'abord si les fers étaient en bon état, les murs et les fermetures

---

a Environ un kilogramme et demi.

[30] Cat., *R. R.*, 56 et 57.— [31] Colum., I. 6.— [32] *Quindecim vincti faciunt ergastulum.* Apuleïus, *Apologetica*. Les ergastules de Pompeii sont divisés en petites cellules à peine assez larges pour un seul homme. — [33] Colum., I. 8.

bien solides »; puis, si l'on ne volait pas le pain des hommes de l'ergastule, si l'on n'abusait pas outre mesure des pouvoirs sans limite donnés à leur geôlier [34]. On enfermait dans l'ergastule les captifs vulgaires inconnus de leurs acheteurs, les esclaves craints ou haïs de leurs maîtres, et surtout ceux dont la propriété n'était pas très-sûre et qu'on pouvait soupçonner de penser à réclamer contre une servitude illégitime [35].

Quelques profondes que fussent ces sentines de misère, si multipliées depuis qu'elles étaient considérées comme un accessoire nécessaire à toute exploitation rurale, si peuplées qu'avec les malheureux qu'elle en tira la révolte fit des armées, deux choses étaient encore plus redoutées que l'ergastule : les moulins et les mines. Dans les mines on entassait des populations entières; les hommes dans la vigueur de l'âge étaient employés au creusement des galeries et à l'extraction du minerai, les enfants à le charrier hors de la mine, les femmes et les vieillards à le piler ou à le broyer entre deux meules. « De ces « malheureux », dit Diodore, qu'il faut laisser parler comme un témoin irrécusable des choses de son temps, « de ces malheureux aucun n'obtient le « moindre soin. On ne leur donne pas même de « quoi couvrir leur nudité, en sorte que, seulement « à les voir, on ne peut se défendre d'avoir pitié de « leur profonde infortune. Il n'y a pour eux ni répit

---

[34] Id., *ib.*, et XI. I. — [35] Lipsius, *Electorum*, II. XV.

« ni miséricorde : malades, mutilés, les femmes
« comme les vieillards, on les contraint tous, à force
« de coups, à des travaux sous le poids desquels
« bientôt ils succombent [36]...... » « Le fouet », dit-il
ailleurs, « exige des mineurs d'Espagne des travaux
« tellement au-dessus de leurs forces, qu'il en meurt
« en peu de temps un très-grand nombre. Quelques-
« uns cependant résistent, et durant des années
« appellent sans cesse à leur secours cette mort, qui
« serait pour eux si préférable à tant de maux [37]. »
Le tableau que nous a laissé Apulée de l'intérieur
d'un moulin, tels qu'ils étaient encore presque tous
de son temps, n'est pas moins horrible. C'était là
qu'on jetait le rebut de la servitude, l'esclave vieilli,
l'esclave maladif, l'esclave vicieux. Marqués, enchaînés, presque nus, mêlés quelquefois à des
animaux, haletants sous le fouet, ils attendaient, en
tournant ensemble une lourde meule, que la fatigue
et la faim vinssent mettre un terme à leurs maux [38].

Rien n'est plus propre à reposer l'esprit du souvenir de tant de misères, que de voir combien, aux
lieux qui en furent le théâtre, les choses sont aujourd'hui changées. L'ouvrier des champs, l'ouvrier
des villes, se lèvent avant le jour pour aller au
travail ; ils y demeurent jusqu'à la nuit, ils oublient
le sommeil pour travailler plus long-temps, et
cependant leurs pieds et leurs mains sont libres de

---

[36] Diod. Sic., III. 12-14. — [37] Id., v. 36-38. — [38] Apul., *Metamorph.*, IX.

toute entrave, le fouet n'oserait toucher leurs flancs. Au bruit des verges et des chaînes ont succédé, dans la mine et dans le moulin, le bruit des machines et celui des chants. Le mineur s'en va chaque jour à ses pénibles travaux, l'œil calme et le cœur content, parce qu'il sait qu'il va travailler pour lui, pour ses enfants ; parce qu'il sait que sous le soleil qu'il va quitter il laisse une famille, une patrie, des concitoyens ; parce qu'il est libre enfin. Si la prostitution n'a pas encore disparu de la face de l'Occident, du moins elle s'y cache, et surtout elle n'y fait plus que des victimes volontaires. Il n'y a plus de gladiateurs, il n'y a plus d'ergastule, il n'y a plus rien qui lui ressemble, pas même le bagne. Les trois bagnes de la France, peuplés seulement de grands coupables, et cependant ouverts de tous côtés à l'air et au soleil, à la pitié de tous, à la sollicitude des plus hauts pouvoirs de l'état, à la clémence du prince, qu'ont-ils de commun avec ces milliers d'ergastules souterrains où le hasard des combats, l'avarice et la cruauté jetaient autrefois tant de malheureux, coupables d'avoir été vaincus, d'avoir déplu à leurs maîtres, et la plupart de leur être inconnus ?

V. Il reste à parler de ce qu'il y avait de particulier dans la condition de ces esclaves de certaines contrées, dont les Ilotes de Sparte forment le type le plus connu. « L'excès du malheur des Ilotes de « Lacédémone, a dit Montesquieu, était tel qu'ils « n'étaient pas seulement esclaves d'un citoyen, mais

« encore du public ; ils appartenaient à tous et à un
« seul [1]. » L'histoire a expliqué cette situation
étrange. On sait que les Ilotes étaient les descendants
de l'ancienne race qui, avant l'arrivée des Hellènes
Doriens dans la Laconie, possédait cette contrée.

Au lieu de mêler les deux peuples, la conquête
les avait laissés en présence : l'un vainqueur, l'autre
vaincu ; l'un libre, l'autre esclave. La servitude
s'était attachée au sang. La race des vaincus était
devenue pour celle des vainqueurs une propriété
commune. Le partage des anciens habitants entre les
nouveaux, quoique ayant été fait, comme dans la
terre de Chanaan [2], en même temps que le partage
des terres [3], n'avait conféré à ceux-ci qu'une sorte
de droit d'usufruit très-étendu sur la personne des
hommes qui leur étaient échus et sur leur postérité.
Le maître pouvait bien tuer son ilote, mais il ne
pouvait ni le vendre à l'étranger ni l'affranchir.
L'état, véritable propriétaire de la race vaincue,
pouvait seul exercer ces droits [4]. Quand Sparte avait
besoin d'ilotes pour ses armées, elle les choisissait
sur tout son territoire, sans se croire obligée de les
demander à leurs maîtres ou de leur en payer la
valeur. Chaque citoyen avait de plus le droit de se
servir des ilotes des autres comme des siens propres,
quand ils n'étaient pas occupés pour le service de
leurs maîtres [5].

V. [1] *Esprit des lois*, xv. 17. — [2] Josué, xvii. 11. —
[3] Pausanias, iii ; Athénée, vi.— [4] Histoire et esclavage des
ilotes. *Acad. des inscriptions....* xxiii. 271. — [5] Xénoph.,
Républ. de Sparte.

Comme par leur origine et par leur condition, les ilotes de Sparte différaient des esclaves d'Athènes et de Rome par le rôle qu'ils jouaient dans l'ordre du travail. Attachés au sol, non-seulement de la Laconie, mais de la portion de terre sur laquelle ils étaient nés, ils cultivaient pour leur propre compte, à charge seulement de payer à leurs maîtres et à l'état une rente annuelle ou en argent ou en nature. Les professions mécaniques leur étaient aussi abandonnées en concurrence avec quelques étrangers [6]. Mais quand un citoyen avait besoin d'un serviteur proprement dit, il avait le droit de choisir parmi ses ilotes; car c'était seulement à cause de leur profond mépris pour le travail, et non par aucune condescendance pour leurs esclaves, que les Lacédémoniens leur laissaient plus de liberté que les Athéniens, par exemple, dans le choix et l'exécution de leurs travaux. Cette liberté même ne paraît pas avoir porté de grands fruits, du moins pendant long-temps, contrariée sans doute par toutes les autres oppressions que la politique et la dureté de mœurs de Sparte faisaient peser sur ses nombreux ilotes. Lorsque, à une époque où l'antique constitution de Lycurgue était déjà profondément ébranlée, Cléomène pour se procurer de l'argent vendit la liberté aux ilotes au prix de cinq mines [a], sur les quelques centaines de mille individus de cette condition que l'on comptait

---

[a] 458 fr. 55 cent.

[6] Plut., *Lycurg.*

alors dans la Laconie, il ne s'en trouva que six mille qui pussent acheter à un prix si minime un bien si précieux [7].

Partout où les grandes invasions, qui du xve au xe siècle avant notre ère jetèrent sur l'Occident tant de peuples nouveaux, avaient eu pour résultat le triomphe complet de la race des envahisseurs, sans cependant anéantir la race vaincue, celle-ci était demeurée plus ou moins long-temps dans un état analogue à celui des ilotes de la Laconie. On cite parmi les peuples à qui la conquête avait imposé une servitude semblable à celle-là : les Aphamiotes de la Crète, les Gymnètes de l'Argolide, les Callicyriens et les Arotes de la Sicile, les Bythiniens du territoire de Bysance, les Lélèges de la Carie, les Prospétales de l'Arcadie et du pays des Ariéens, les Maryandiniens des environs d'Héraclée, et tous les peuples lélèges ou pélages, dont les Thessaliens avaient fait leurs esclaves sous le nom de Pœnestes ou hommes de peine [8]. Beaucoup d'autres nations sans doute, surtout parmi les moins civilisées, maintinrent long-temps sous un joug semblable à celui qui pesait sur les ilotes les populations dont elles avaient conquis le territoire; mais presque partout les révolutions survenues dans les mœurs, dans la constitution du travail et de la société, ou remplacèrent entièrement la servitude de race par l'esclavage individuel, ou

---

[7] Id., *Agis et Cléom.* — [8] Aristot., *Pol.*, *passim*; Diod., XII; Athén., VI et X.

du moins en modifièrent essentiellement l'état primitif. Sans être affranchis de leur ancienne dépendance, les hommes de la race vaincue arrivèrent cependant à former dans la servitude une classe à part. Plus libres qu'autrefois à l'égard de la communauté de leurs anciens vainqueurs, ils demeurèrent toujours esclaves à l'égard de leurs propres maîtres ; mais on continua de regarder comme interdit à ceux-ci de les vendre hors du territoire. La terre qu'ils habitaient fut donc toujours pour eux une patrie ; ils y vécurent en familles, ils en cultivèrent les terres comme des fermiers, chargés, il est vrai, de lourds tributs, exposés à des exactions arbitraires, laissés à la merci de leurs maîtres, mais libres du moins dans la direction de leurs travaux, exempts des traitements que l'on faisait subir aux ouvriers esclaves partout où ils n'étaient employés que comme des instruments passifs, comme des bêtes de somme. Sous Auguste, Tite-Live voulant expliquer à ses concitoyens le nom d'ilotes, dont il est forcé de se servir, dit qu'on le donnait dans la Laconie aux habitants des hameaux et des campagnes [9].

Il y a toute raison de croire que la condition de cette classe d'habitants de la Gaule que César appelle les *ambacti*, avait quelque analogie avec celle des ilotes et des pœnestes. Festus dit positivement que les *ambacti*, appelés *acti* par Ennius, étaient des

---

[9] *Castellani, genus agreste.* Liv. XXXIV. 27.

esclaves [10]. César [11], de son côté, fait clairement entendre que la richesse des nobles Gaulois était proportionnée au nombre de leurs ambactes, comme leur importance politique l'était au nombre de leurs clients. Les ambactes étaient donc les hommes du travail [12], source unique de toute richesse. Mais le haut mépris que les Gaulois avaient gardé même pour l'agriculture, ne permet pas de croire que les nobles daignassent diriger ou surveiller les travaux de leurs champs ; d'où il suit que les esclaves par qui ils les faisaient cultiver, ne pouvaient être soumis à l'organisation dure mais savante de l'agriculture grecque et romaine. Il est plus vraisemblable que, cultivant librement la portion de terre qui leur était assignée, les ambactes n'étaient assujétis vis-à-vis de leurs maîtres qu'au payement d'une rente ou d'un tribut annuel. Si l'ambacte eût pu être complétement assimilé à un esclave romain, on ne comprendrait pas d'ailleurs pourquoi César se serait plutôt servi du mot gaulois que du mot latin, qu'il emploie en d'autres circonstances [13], pour parler des serviteurs proprement dits des nobles Gaulois.

Des témoignages irrécusables attestent l'extrême

[10] *Ambactus apud Ennium linguâ gallicâ actus dicitur. Servus ambactus dicitur.* Festus, *h. v.* — [11] *B. G.*, VI. 15. — [12] Selon Pitiscus (*h.v.*), *ambachter* en hollandais signifie encore ouvrier. Il y a aussi une ressemblance frappante entre les éléments essentiels du mot *ambacte*, dont la première syllabe est évidemment surajoutée à la racine primitive, et ceux du mot *bacaude*, qui, sous l'empire, servit à désigner dans la Gaule des bandes de révoltés appartenant tous aux dernières classes de la société. — [13] *B. G.*, VI. 19.

dureté des anciens Spartiates envers leurs ilotes. Platon, Xénophon, Thucydide, Aristote, Plutarque[14], admirateurs systématiques des lois et des mœurs de la ville de Lycurgue, s'accordent sur ce point avec l'auteur du Panégyrique d'Athènes. Dans le reste du monde grec, où le joug de la servitude était déjà bien lourd, quand on voulait exprimer l'idée de l'esclavage le plus dur, de la misère la plus profonde, on disait proverbialement : « Plus esclave « qu'à Sparte, plus malheureux qu'un Messénien[15]. » Pour tenir le front dans la poudre cette nombreuse population, frémissant depuis des siècles sous le poids d'une conquête que tout lui rappelait, il n'y avait pas de hideux moyens auxquels on n'eût recours ! Non content d'accabler les ilotes de travaux, de leur interdire les chants guerriers, les exercices gymnastiques, l'usage de porter des armes ; de leur prescrire un costume particulier fait de peaux de chiens, on les avait assujétis à recevoir tous les ans un certain nombre de coups, quelle que fût leur conduite[16], afin, disait-on, qu'ils ne pussent oublier leur condition. Tout citoyen avait droit de les injurier, de les frapper, de les tuer, comme s'il était leur maître[17]. On faisait un tort à un citoyen d'avoir parmi ses ilotes des hommes remarquables par leur vigueur ou par leur beauté[18]. Enfin, toutes les fois

---

[14] Plat., *Republ.*, VIII; Aristot., *Polit.*, *passim*; Xén., *Republ. d'Athènes*; Thucyd., III; Plut., *Lyc.*, 52 et 59; *Solon*, 42. — [15] Erasm., *Adag.*, 1820. — [16] Athénée, XIV. — [17] Xénoph., *l. c.* — [18] Plut., *l. c.*

que les éphores entraient en charge, ou bien lorsque le nombre ou les dispositions de la population servile inspiraient quelques craintes, on faisait ce qu'on appelait la *cryptie*. Armés de dagues et portant des vivres, les jeunes gens de Sparte se répandaient dans la campagne, frappant et tuant tous les ilotes qu'ils rencontraient sur leurs pas. Ceci ne saurait être révoqué en doute; car Plutarque qui le rapporte [19], sur la foi d'Aristote, et avec un regret marqué, comme un souvenir peu favorable à sa chère Sparte, n'a pu, non plus qu'Aristote, inventer à la fois la chose et le mot. Ce que l'on fit au temps de la guerre du Péloponèse, et que Thucydide, auteur contemporain et irréprochable [20], nous a transmis, est d'ailleurs plus horrible encore que la cryptie. Sous prétexte de les enrôler comme soldats, on choisit dans la Laconie deux mille ilotes des plus vigoureux, et par conséquent les plus à craindre; on les fit venir à Sparte, on les fêta, on leur annonça qu'on leur donnerait la liberté, enfin on les logea le soir séparément chez les citoyens; et depuis ce moment ni la Laconie ni la Grèce ne les revirent plus. La décadence de la vieille constitution de Sparte amena, sans doute, quelque adoucissement dans la condition de ses ilotes; mais ils n'en demeurèrent pas moins toujours esclaves jusque sous l'empire, comme on le voit par les témoignages de Strabon et de Pausanias [21].

---

[19] Id., *ib*. — [20] Thucyd., IV. 26 et 80; v. 34. — [21] Strab., XIII; Pausan., III.

Nous ne trouvons, dans les auteurs anciens, rien de précis sur la manière dont étaient traités par leurs maîtres et les ambactes et les autres esclaves de la Gaule. Mais il n'est pas possible qu'un peuple qui faisait des crânes, des dents, des cheveux de l'ennemi vaincu, l'ornement de ses demeures et la plus belle parure de ses guerriers [22]; chez qui l'usage d'immoler aux dieux des victimes humaines était non-seulement en vigueur, mais encore environné de circonstances horribles; qu'un peuple violent, dont les fêtes mêmes finissaient toujours dans le sang; qui, pour honorer la mémoire des morts, égorgeait sur leurs bûchers leurs serviteurs et leurs clients les plus affidés [23]; dont l'orgueil, la férocité, l'avidité étaient particulièrement célèbres [24], pût être plus doux envers ses esclaves que ne l'étaient envers les leurs les peuples de la Grèce et de l'Italie, à qui l'on reprochait déjà d'avoir trop de condescendance pour eux.

Ce que Tacite dit des esclaves des Germains de son temps, sans doute encore peu transformés par le voisinage des Romains, du moins pour ce qui tenait aux profondeurs les plus extrêmes de l'ordre social, prouve que chez ces peuples le sort des esclaves était semblable à celui des ilotes. Là, comme dans la Laconie [25], les esclaves étaient, pour la

---

[22] Strab., IV. — [23] Cæs., *B. G.*, VI. — [24] Liv. XXI. 10; XXIII. 24; XXXVIII. 17, suppl. XLVI. 6. — [25] Guizot, *Cours d'hist. mod.*, 1829, 7ᵉ leçon.

plupart, des descendants des nations vaincues par des envahisseurs étrangers. Ils vivaient séparés de leurs maîtres et assujétis à de simples redevances. Les affranchis étaient en petit nombre et à peu près traités en esclaves, si ce n'est peut-être chez les rois. Frapper les esclaves, les mettre aux fers, les surcharger de travaux, étaient choses rares, mais les tuer ne l'était pas [26] ; non qu'on les tuât par sévérité ou esprit de discipline, mais par impétuosité et colère, comme on eût fait un ennemi, à cela près que ces sortes de meurtres, étant impunis, devaient être encore plus fréquents.

Plus barbares encore, les Scythes étaient eux-mêmes trop ignorants pour demander beaucoup à leurs esclaves, et ne pouvaient, par conséquent, en avoir beaucoup ; mais ceux qu'ils employaient à battre leur lait, pour les empêcher, dit Hérodote [27], d'être distraits dans leurs travaux, ils leur crevaient les yeux. Comparé à cet horrible usage, l'ergastule était un progrès ; comme le fouet en était un sur le meurtre ; comme l'invention des combats de gladiateurs en était un sur l'usage, commun à tous les peuples barbares, d'égorger solennellement des prisonniers sur un tombeau ou sur un autel, pour honorer les morts ou les dieux.

VI. Pour compléter ce triste tableau des douleurs

---

[26] *Occidere solent, non disciplinâ et severitate, sed impetu et irâ, ut inimicos, nisi quod impunè est.* Tacit., *Germ.*, 25. — [27] IV. 2.

attachées pour le monde antique à l'institution de l'esclavage, il reste à faire voir que si le lit de la servitude était dur, l'hérilité ne dormait pas sur des roses. Source de toute richesse, la propriété qui consistait en esclaves était de toutes la plus chanceuse. L'ennui, l'ignominie, les longs regrets de la patrie absente, les mauvais traitements, nécessaires peut-être pour plier au joug les esclaves, en moissonnaient un grand nombre. Il y avait des pestes d'esclaves [1]. Le suicide et la fuite étaient si fréquents parmi eux, qu'à Rome l'édit des édiles [2] donnait l'action rédhibitoire à l'acheteur d'un esclave qui avait une fois tenté de se donner la mort ou de fuir, s'il n'avait pas été averti de cette circonstance par le vendeur. Il n'y avait qui pussent résister long-temps à toutes les douleurs de la servitude, que des hommes ou d'une nature molle et vile, ou d'un de ces caractères de fer que rien n'abat, parce que rien ne peut atteindre en eux les cordes sensibles de la vie. Les premiers devenaient les corrupteurs de leurs maîtres, les seconds demeuraient auprès d'eux des ennemis terribles, le cœur toujours rempli de haine et de vengeance.

Les philosophes, les moralistes ne tarissaient pas sur les influences corruptrices que l'esclavage exerçait autour d'eux [3]. Les craintes que la plupart des esclaves inspiraient à leurs maîtres ne sont pas

---

VI. [1] Liv. IV. 30; Plin., *N. H.*, XVII. 37. — [2] Dig., XXI. 1. — [3] M. Charles Comte, dans son *Traité de législation* (tom. IV, chap. VI), n'a rien laissé à dire sur ce point.

moins certaines. « Autant d'esclaves, autant d'ennemis [4] », disait un proverbe partout répandu. « Si « quelque dieu, dit Socrate dans la République, « transportait tout-à-coup en un vaste désert avec sa « femme, ses enfants et toute sa maison, un de ces « hommes qui ont à leur service cinquante esclaves « et davantage, pensez-vous qu'il n'aurait pas lieu « de craindre de périr bientôt lui et les siens sous « les coups de ses esclaves? — Je le crois aisément », répond l'interlocuteur [5]. Pour se soustraire aux haines dont ils se savaient entourés, beaucoup de gens se faisaient garder, pendant la nuit, par des serviteurs affidés. Les uns faisaient des rondes dans la maison, d'autres couchaient en travers de la porte de la chambre où dormait le maître, d'autres autour de son lit [6]; mais il y avait des cœurs désespérés pour qui toutes ces précautions, pour qui les lois les plus terribles n'étaient pas des obstacles insurmontables. Les autres attendaient, humbles et soumis en apparence ; mais, quand venaient les jours de trouble, de tyrannie, de proscription, chacun avait autour de soi des espions, des accusateurs, des meurtriers toujours prêts. « On voyait alors, dit Appien, des « personnages consulaires se traîner aux pieds de « leurs esclaves, les appelant du nom de sauveur et « de maître ; mais ces bassesses mêmes souvent n'ob- « tenaient pas de pitié. L'espoir excité par la récom-

---

[4] *Tot servi, tot hostes.* Erasm., *Adag.*, 1231. — [5] Plat., *Rép.*, IX. — [6] Pignorius, *passim.*

« pense, *de vieilles haines long-temps dévorées*
« *dans la servitude,* la soif de l'or qu'ils savaient
« caché dans les maisons, poussaient beaucoup d'es-
« claves à trahir leurs maîtres [7]. »

Les nations elles-mêmes avaient, plus d'une fois, à déplorer leur richesse en esclaves. Parce que ceux-ci étaient, par leur condition même, destinés au travail, l'homme libre répugnait à faire aussi œuvre de ses mains. L'industrie s'avançait lentement, le travail était méprisé [8]. Avant de se résoudre à vivre de ses labeurs, le peuple voulait partout qu'on lui livrât les trésors de l'état; il se vendait à qui voulait le nourrir, le faire vivre dans le loisir et dans les fêtes. Quand les plaisirs ou la guerre ne captivaient pas ces masses capricieuses, il fallait à leur ardeur inactive les agitations de la place publique, des luttes, des révolutions violentes. Placée en dehors de ces secousses par son défaut d'intérêt, la population servile, qui partout formait le plus grand nombre, demeurait indifférente et calme, mais la minorité libre n'en était que plus facile à ébranler.

Que si l'agitation venait jusqu'à lui, l'esclave n'apparaissait sur le théâtre des affaires publiques que comme le plus terrible des ennemis de la cité. C'était la dernière ressource de toutes les causes désespérées, de toutes les ambitions aux abois, que

---

[7] App., *B. C.*, IV. *in princ.* — [8] Voir encore le *Traité de législation*, tom. IV, chap. V, XIII et XIX.

d'appeler les esclaves à leur secours en leur promettant la liberté. La plupart des tyrans des petites villes grecques assuraient leur pouvoir en s'entourant d'une garde nombreuse, formée d'esclaves affranchis par eux après le meurtre de leurs maîtres [9]. A Rome, les hommes violents de tous les partis et de toutes les époques ne manquèrent jamais de s'appuyer sur les esclaves. C'était avec leur aide qu'Appius et Coriolan avaient voulu que l'on fît raison de l'insolence toujours croissante de la commune; que les patriciens en avaient fini avec les Gracques [10]. Le temps tourna contre eux cet instrument terrible. Né de la poussière qu'en mourant Caïus Gracchus avait jetée vers le ciel en lui demandant vengeance, Marius rentra dans Rome suivi de quelques milliers d'esclaves, par qui tant d'horreurs furent commises, qu'enfin les amis de Marius les firent un jour cerner et égorger par des soldats gaulois [11]. Sylla jeta parmi le peuple dix mille esclaves qu'il affranchit, après avoir proscrit leurs maîtres, afin de dominer le forum par ses *Cornéliens*, comme il dominait l'Italie par ses vétérans [12].

L'appui sur lequel comptait le plus Catilina, c'était la révolte des esclaves de Rome [13]. C'était par le grand nombre de leurs gladiateurs et de

---

[9] Plat., *Répub.*, VIII; Hyperides, *de fœd. Alex.*; Dion. Halyc., VIII; Justin., XVI. 5. — [10] Dionys., VI et VII; Plut., *les Gracques*, 36. — [11] Plut., *Marius*, 79 et 82; *Sertorius*, 7. — [12] App., *B. C.*, I. — [13] Sallustius, *Cat.*, 24. 30. 46. 50.

leurs esclaves, que les Clodius et les Milon [14] se faisaient comme les arbitres des destinées de la république. Poursuivis après la mort de César par la vengeance du peuple, les Pompéiens ne se soutinrent pendant plusieurs jours dans le Capitole que par l'aide des bras de leurs gladiateurs [15]. Chassé de Rome, Antoine se vit à son tour réduit à courir l'Italie, brisant les fers des ergastules, appelant tous les esclaves à la liberté [16]. Dans Pérouse, son frère ne se défendit que par le courage de ses gladiateurs [17]. Sextus Pompée, enfin, ne parvint à balancer la puissance des triumvirs qu'en se faisant chef d'esclaves rebelles; retranché dans la Sicile, ayant pour lieutenants des affranchis de son père, il vit des multitudes de fugitifs courir à lui de tous les points de l'Italie [18]. Quand, devenu seul maître de l'empire, Auguste voulut purger de tous les esclaves fugitifs qu'elles renfermaient, les légions avec lesquelles il avait traité, il les fit d'abord disséminer adroitement dans toute l'armée, dispersée elle-même dans tout l'empire. Les ordres furent combinés de manière à ce qu'on les arrêtât tous le même jour, à la même heure; trente mille furent rendus à leurs maîtres, six mille que personne ne réclama furent mis en croix; il fallut un an pour soumettre ceux qui, ayant échappé, s'étaient formés

---

[14] Cic., *pro Milone; pro domo suâ, et aliàs.* — [15] App., *B. C.*, II. — [16] Cic., *Epist. ad div.*, XI. 10 et 13. — [17] App., *B. C.*, V. — [18] Cæsar, *B. C.*, I; App., *B. C.*, IV; Dion. XLII et XLIII.

partout en bandes de brigands [19]. Orgétorix, Vercingétorix, dans les Gaules, ne tentèrent leurs entreprises qu'après s'être assurés du concours des esclaves et des obérés [20].

Non moins que les guerres civiles, les guerres étrangères faisaient connaître tout ce que l'esclavage avait de funeste pour les maîtres mêmes. Indifférente à la conquête, la population servile étant partout résignée d'avance au joug du maître que lui donnerait la victoire, la conquête d'un pays était terminée quand la cité qui servait comme de citadelle à la population libre était prise ou détruite. On ne fit périr à Capoue, on n'emmena loin de ses murs que ses nobles et ses citoyens. A Carthage, à Corinthe, on ne vendit que la population de la cité; la population rustique, presque toute esclave, fut laissée sur le sol. Sans elle, qu'auraient donc fait les vainqueurs de leur conquête? Mais que lui importaient à elle le nom et la race de ses maîtres? Que lui importaient le nom, la gloire, l'indépendance de la cité, de la nation à qui elle avait appartenu? Le jour qui les voyait tomber était plutôt pour elle un jour de vengeance et de fête qu'un jour de deuil. Comprend-on bien ce que devait être l'état d'une société, où un dixième de la population mâle et virile saisissait avec joie la première occasion qui lui était offerte de quitter le pays que ses mains

---

[19] App., *B. C.*, v; Dion., XLVIII et XLIX. — [20] Cæs., *B. G.*, I. VII, et Hirtius, *B. G.*, VIII.

fécondaient, comme cela arriva durant la guerre du Péloponèse, dans cette Attique dont les esclaves passaient pour les moins maltraités de toute la Grèce !

Souvent aussi les ennemis d'une nation se servaient contre elle de ses esclaves. Les Achéens, les Perhœbéens, les Magnésiens ne se défendaient guère contre les Thessaliens qu'en soulevant leurs nombreux pœnestes [21]. Athènes poussait les ilotes à la révolte ; Sparte provoquait la fuite des esclaves d'Athènes [22]. « Dans l'île de Chio, les esclaves », dit Thucydide, « se réunirent aux ennemis et firent « à la ville plus de mal qu'eux [23]. » Plus tard elle leur fut donnée par Mithridate à qui ils l'avaient livrée [24]. L'un des grands moyens que le roi du Pont mit en œuvre contre Rome, ce fut, à l'exemple d'Annibal, de Jugurtha, des chefs de la guerre sociale, d'appeler partout les esclaves à la liberté. A la bataille de Thurium, quinze mille fugitifs qu'il comptait dans son armée luttèrent seuls avec courage contre les Romains [25].

La population servile n'attendait même pas toujours, pour secouer le joug, d'être aidée par un ennemi étranger. La plupart de ces nombreux brigands, dont les bandes couvraient les continents et les mers du monde antique, étaient des esclaves

---

[21] Arist., *Pol.*, II. — [22] Thucyd., VII. — [23] Id., VIII. 40. — [24] Athénée, VI. — [25] App., *B. Mithr. et B. civ.*, I ; Plut., *Sylla* ; Sallust., *Jug.* ; Liv. XXII.

fugitifs [26]. A Tyr, les esclaves égorgèrent en une nuit tous les hommes libres, épousèrent leurs femmes et leurs filles, et s'emparèrent de leurs richesses [27]. Chez les Scythes, à Argos, pendant que les guerriers étaient retenus au loin par une expédition militaire, leurs serfs s'établirent en maîtres dans leurs foyers [28]. Chio fut réduite à traiter avec ses esclaves révoltés; Samos fut obligée de permettre aux siens de passer en Asie, où ils fondèrent, dit-on, la ville d'Ephèse; les Bruttiens, les Locriens de Sicile passaient aussi pour être des descendants d'esclaves révoltés; Volsinie ne fut sauvée des mains de ses affranchis et de ses esclaves que par Rome [29].

Plus que toute autre, celle-ci eut à souffrir des efforts de ses nombreux esclaves pour briser leur joug. On se souvenait que, dès les premiers temps de la république, ils avaient une fois occupé le Capitole et conspiré une autre fois d'incendier la ville. Ce qui nous reste du grand ouvrage de Tite-Live sur les temps vraiment historiques de Rome, ne mentionne pas moins de six conjurations ou révoltes d'esclaves, comprimées ou punies en Italie dans l'espace de soixante ans [30]. Enfin, dans le cours du septième siècle de Rome, on vit éclater, à trente ans de distance l'une de l'autre, ces trois

---

[26] Plat., *les lois*, VI; Strab., *passim*. — [27] Justin., XIII. 3. — [28] Hérodot., VI et VI. — [29] Athén., VI; Diod., II; Liv. XVI. — [30] Liv. XXII. XXVI. XXVII. XXXII. XXXIII. XXXIX; voir aussi III et IV.

grandes guerres serviles qui seules, depuis la chute de Carthage, purent arrêter un moment les armées romaines et ternir leur gloire par de nombreuses défaites.

Alors furent mis au jour tous les vices que l'esclavage portait en lui vers la fin de l'ère païenne. Les historiens anciens ne dissimulent pas que partout ce fut l'excès du malheur qui poussa les esclaves à la révolte. La première guerre, commencée par quatre cents esclaves dont les maîtres étaient renommés encore plus par leur dureté que par leur faste, fut embrassée avec enthousiasme par ces milliers de captifs asiatiques que leurs acheteurs laissaient manquer des choses les plus nécessaires à leur subsistance. La seconde commença à l'occasion du refus que fit le préteur de Sicile d'exécuter les lois que le sénat avait faites en faveur des esclaves, et surtout de ceux qui n'avaient été réduits en servitude que par des violences illégitimes [31]. Soixante-dix-huit gladiateurs, innocents de toute mauvaise action, dit Plutarque, et pourtant destinés à mourir dans peu de jours pour l'amusement du peuple romain, commencèrent la troisième guerre servile [32].

L'ergastule fournissait partout aux premiers insurgés des multitudes de compagnons. Le chef de la première révolte, Eunus le Syrien, eut, dit-on, jusqu'à deux cent mille fugitifs sous ses ordres; Athénion eut une armée de près de quatre-vingt

---

[31] Diod., *Eclog.*, 34-37. — [32] Plut., *Crass.*, 9.

mille combattants; Spartacus, qui comme lui refusait d'admettre dans son camp tous ceux qui n'étaient pas jeunes et forts, réunit cependant près de cent vingt mille soldats [33]. Pendant que les esclaves de Sicile levaient l'étendard de la révolte, la Thrace, l'Illyrie, la Macédoine, l'Asie, l'Attique, Délos, l'Italie elle-même voyaient se lever aussi des milliers d'esclaves rebelles. Toujours les insurgés manquaient d'armes, de munitions, de tactique; mais, étant tous hommes de travail, avec leurs chaînes ils faisaient des épées, des fers de flèche et de lance, avec de l'osier ils faisaient des boucliers. Habitués à la fatigue et aux privations, ils supportaient des extrémités auxquelles une armée d'hommes libres n'eût pas résisté. Le désespoir, enfin, leur tenait lieu de courage et de tactique. Les Syriens, que dans leur pays la vue d'une armée romaine faisait fuir, étaient des héros en Sicile, leurs revers mêmes attestaient leur bravoure; rien ne pouvait les abattre. Le lendemain du jour où le préteur Lucullus leur avait tué vingt mille combattants, ils attaquèrent encore son armée et la taillèrent en pièces. Dans Tauromenium, cernés par une armée victorieuse, les révoltés ne vécurent long-temps qu'en se dévorant les uns les autres; ceux sur qui tombait le sort fatal faisaient jurer à leurs compagnons de ne se rendre jamais, et tendaient ensuite

---

[33] Diod. Sic., *Eclog.*, *loc. cit.*; Appian., *B. C.*, I; Florus, III, etc.

le cou au boucher [34]. Un million d'hommes périt dans les guerres de Sicile [35]. Les détails très-incomplets que nous possédons sur la troisième guerre servile font tomber plus de cent vingt mille révoltés, seulement dans les grandes défaites qu'il essuyèrent [36], sans compter tous ceux qu'ils perdirent dans les petits combats de chaque jour et dans leurs nombreuses victoires, sans compter tous ceux que tuèrent la fatigue et la débauche.

Tant de milliers d'hommes ne mouraient pas sans vengeance. La première guerre dura six ans [37], la seconde quatre [38], la troisième quatre aussi [39]. De grandes villes tombèrent aux mains des révoltés : en Sicile, Enna, Tauromenium, Agrigente, Triocala, Marcella; en Italie, Nole, Cora, Nucérie, Metaponte, Thurium. A lui seul Spartacus défit successivement deux préteurs, un proconsul, deux consuls, des légats sans nombre. Crassus, mis à sa poursuite avec huit légions (il n'en fallut que dix à César pour soumettre les Gaules), eut encore pour Rome des craintes si sérieuses, qu'il écrivit au sénat qu'il fallait rappeler Lucullus d'Asie, Pompée d'Espagne [40]. L'ordre partit : on abandonna l'Orient à Mithridate, l'Occident à Sertorius; toutes les ar-

---

[34] Voir, pour plus de détails, l'*Histoire de la guerre des esclaves en Sicile sous les Romains*, par Scrofani, malgré ses nombreuses erreurs de date. — [35] Athénée, VI. — [36] *Freishemii supplem. ad Livium*, passim. — [37] 136-131 av. J.-C. — [38] 104-100, id. — [39] 74-70, id. — [40] Plut., *Crass.*, 40.

mées romaines marchèrent un moment ensemble contre *le vil gladiateur*.

A la suite de ces calamités publiques venaient des malheurs privés sans mesure, et dont rien en Europe ne peut aujourd'hui donner une idée. La révolte commençait toujours par le meurtre des maîtres ; l'incendie, le pillage, la dévastation, d'atroces vengeances, d'horribles massacres marquaient ses traces. En vain les chefs des révoltés tentaient quelquefois d'arrêter les désordres de leurs soldats [41] ; exaspérés par une longue oppression ou abrutis par une servitude sans miséricorde, ceux-ci ne voyaient dans la rébellion qu'une occasion de satisfaire toutes les passions que l'esclavage avait fait naître ou développées en eux. De tous les crimes auxquels ils s'abandonnaient, on peut dire, comme l'historien Zonare de ceux des affranchis et des esclaves de Volsinie, « que les rebelles ne « faisaient partout que rendre avec usure à leurs « maîtres les maux qu'ils avaient reçus d'eux [42]. »

La conduite que l'on tenait envers les rebelles n'était d'ailleurs pas faite pour leur inspirer des sentiments d'humanité. Lors de la conjuration de Setia, étouffée avant d'avoir éclaté, le préteur Cornélius fit mourir cinq cents esclaves, plutôt suspects que coupables [43]. Lors de la première révolte d'Apulie, qui se borna à quelques brigandages, le préteur Posthumius en condamna sept mille [44]. Tous les

---

[41] Sallust., *Fragm.* — [42] Zonar., VIII. 7. — [43] Liv. XXXII. 29. — [44] Liv. XXXIX. 29.

prisonniers faits dans les guerres serviles périrent dans les supplices. Crassus, après la bataille où mourut Spartacus avec soixante mille des siens, fit élever le long de la route de Rome à Capoue, six mille croix pour les six mille prisonniers qu'il avait faits. En Sicile, on avait égorgé jusqu'aux femmes et aux enfants des révoltés [45].

La pitié que peuvent inspirer, et les misères d'où sortirent toutes ces rébellions, et les rigueurs au sein desquelles elles furent éteintes, les unes et les autres aujourd'hui à jamais disparues de l'Occident, ne doit pas empêcher de reconnaître combien il était nécessaire à l'humanité que l'insurrection fût vaincue. Il n'entrait pas dans l'esprit d'un seul des révoltés que l'esclavage pût être aboli. Eunus mettait aux fers les ouvriers de condition libre dont il croyait avoir besoin; Athénion et Spartacus refusaient de recevoir dans leur camp les fugitifs dont ils n'espéraient pas pouvoir faire de bons soldats. Entre les armées des maîtres et celles des rebelles, il ne s'agissait jamais en réalité de rien autre chose que de savoir qui serait esclave et qui serait maître. Réduite à ces termes, la solution de la question n'était pas douteuse; puisqu'il fallait qu'il y eût des esclaves, il fallait aussi que la servitude demeurât là où elle était, parce que là était sans aucun doute l'infériorité intellectuelle et morale.

[45] Liv., *Epit.*, XLVII; Oros. v; Diod., *Eclog.*, 36.

A peine affranchie du joug, la foule des révoltés ne songeait plus qu'à piller et à détruire ; leurs excès effrayaient jusqu'à leurs compagnons d'esclavage. Vainqueurs, la division se mettait dans leurs rangs ; vaincus, la trahison hâtait leur ruine. Si puissantes qu'aient pu être les armées rebelles, elles n'attirèrent pourtant jamais que le petit nombre parmi la population serve. Tout ce qui avait une condition tolérable, tout ce qui n'était pas poussé par l'extrémité de la misère à l'extrémité du désespoir, se tenait loin de ce chemin sans issue, où chacun savait bien que tôt ou tard il faudrait succomber. En vain Athénion et Spartacus disaient-ils qu'ils ne s'étaient armés que contre Rome, toutes les cités leur fermaient leurs portes et s'armaient contre eux. Avec leurs armées de cent mille combattants, après les plus éclatantes victoires, ils n'étaient toujours que des brigands en horreur au monde. Sans but, sans avenir, ils allaient devant eux, poursuivis par le sentiment de la nécessité de leur ruine. Rome, reine du monde, ne pouvait pas traiter avec eux, encore moins pouvait-elle être vaincue. L'avenir de l'humanité ne reposait-il pas tout entier sur elle? Incapables de rien fonder, ces grandes insurrections d'esclaves n'avaient de valeur que comme protestations éclatantes contre un état des choses destiné à finir ; mais cela même, ni les révoltés, ni ceux dont ils avaient secoué le joug, ne le pouvaient comprendre.

VII. La pensée qu'une société civilisée pût existe sans esclaves ne se présentant à l'esprit de personne, les droits de l'hérilité étaient partout incontestés. Les principes constitutifs de l'esclavage n'étaient écrits dans aucune législation. C'était comme autant d'axiomes universellement adoptés : que tout vainqueur avait le droit de vendre ses prisonniers ; que tout homme qui de ses deniers en avait acheté un autre, étranger à la cité où il habitait, était maître de cet homme, comme il l'était auparavant de son argent [1]. Comme chacun en naissant voyait autour de soi l'esclavage établi, considéré comme base de toute société, chacun était préparé d'avance à en subir le joug, si le destin qui l'avait placé parmi les hommes libres l'en faisait sortir.

C'était merveille avec quelle facilité l'on trouvait à vendre des populations entières ; avec quelle résignation des armées d'hommes braves, éclairés, remplis d'idées de droit et de liberté, se laissaient traîner au marché, comme de vils troupeaux, par une poignée de trafiquants à la fois brutaux et lâches ! On ne citait que des Lusitains, des Cantabres, des Teutons, peuples encore à demi sauvages, qui ne sussent pas se courber avec patience sous l'arrêt du destin qui les faisait esclaves. Les femmes de Sparte elles-mêmes se laissaient vendre, se contentant de protester par des paroles dignes de la

---

VII. [1] *Quia illius est pecunia*, disait la loi de Moïse.

réputation de leur cité contre l'erreur du sort[2]. Si nombreuses qu'eussent été les révoltes serviles dans tous les temps, elles n'occupaient encore qu'une place bien étroite dans l'immense histoire de l'esclavage. Qu'était-ce que les cent mille soldats de Spartacus, auprès des millions d'esclaves qui de son temps peuplaient le monde? Qui donc retenait sous le joug ces multitudes d'hommes, parmi lesquels un si grand nombre avait connu la liberté et appartenait à des nations, sur leur sol si farouches, si indomptables? La foi aux droits du maître, le sentiment du devoir.

Ce que disait Aristote, que toute la vertu de l'esclave était dans son obéissance [3] envers son maître, n'était que l'expression de la pensée commune à tous les hommes de son temps. Sparte n'exigeait pas de ses ilotes qu'ils fussent sobres; Athènes pardonnait aux siens leurs insolences; Rome riait des vices des siens et de leur mépris pour le mépris : il suffisait qu'ils fussent soumis et obéissants. Esclave, chacun subissait ensuite par devoir la loi que, maître, il eût voulu maintenir comme son droit. Phédon se soumettait, chez le marchand qui l'avait acheté, à des humiliations auxquelles, libre encore, il eût préféré la mort. Ce sentiment des devoirs qui liaient l'esclave au maître fut assez fort pour enfanter parmi les esclaves plus de traits de dévouement sublime, que la vengeance et la

[2] Plut., *Apophthegmes des femmes de Sparte.* — [3] Arist., *Pol.*, l. v.

haine n'enfantèrent de rébellions ou de meurtres [4]. Non-seulement on vit des esclaves, et en grand nombre, donner leur vie pour sauver leurs maîtres ; on vit encore des populations d'esclaves défendre et sauver la cité où ils servaient, contre des ennemis qui leur promettaient la liberté. Chio, tant de fois troublée par les siens, fut ainsi sauvée par eux des mains du fils de Démétrius [5] ; Sicyone et Rome se rappelaient avoir été sauvées du déshonneur par le dévouement de leurs servantes [6] ; Messine, Morgantine ne furent défendues contre les révoltés de la première et de la seconde guerre servile que par leurs esclaves [7].

Cette foi puissante aux droits de l'hérilité était sanctionnée à la fois par la religion et par la science.

A l'origine, chaque association humaine, famille ou peuple, n'avait qu'un dieu ; mais ce dieu était propre à la race de ses adorateurs, favorable à eux seuls, hostile à tous autres : l'ennemi de la race était l'ennemi du dieu, seul vrai dieu. Donc, quand un peuple luttait contre un autre, leurs dieux luttaient aussi, et quand un peuple était vaincu, son dieu l'était avec lui : l'ignominie, l'oubli était son partage ; le vaincu, homme ou peuple, n'était qu'un être sans dieu. De la fusion des races, de leurs premières paix après des guerres à chances égales,

---

[4] Appian., *B. C.*, IV; Val. Max., VI. 8; Senec., *de Benef.*, III. — [5] Plut., *Vertueux faits des femmes*, 6. — [6] Plut., *Collection d'histoires*, 30. — [7] Diod., *Eclog.*, 36.

naquit peut-être le polythéisme, au sein duquel l'idée première de la spécialité du dieu considéré comme attaché à une seule race put bien conduire à celle de la spécialité des fonctions des dieux. Les dogmes primitifs se transformèrent. Au lieu de déclarer la guerre aux dieux de l'ennemi, on essaya de les lui enlever par des conjurations solennelles ; on se défendit contre les siennes en cachant soi-même le culte et le nom de ses dieux. Au lieu de nier ensuite les dieux du vaincu, on se les attacha par des présents, par des prières [8] ; mais le vaincu lui-même demeura toujours un homme sans dieux, ou du moins déchu de la protection des dieux [9]. « Quand une ville est prise d'assaut, disait Eschyle, « les dieux l'abandonnent [10]. »

Dans l'ordre du culte, cette idée se traduisait en tout lieu par l'exclusion presque absolue pour les esclaves de toute participation aux choses divines. Nulle cérémonie ne consacrait ni leur naissance ni leur mort. Il n'y avait pas pour eux d'initiation ; les fonctions de prêtre leur étaient partout interdites. Il leur était même défendu d'assister à certains sacrifices. À Athènes, on les tenait éloignés des fêtes des Euménides ; dans l'île de Cos, de celle de Junon ; à Chéronée, du temple de Leucothoée [11]. Armé d'un fouet, le gardien du temple proclamait

---

[8] Macrobius, *Saturn.*, II. — [9] Vico, *Scienzia nuova*, IV. 4. Tout ce qui vient d'être dit ici aurait besoin de longs développements ; l'auteur se borne à l'énoncé de quelques idées principales. — [10] Les Sept, 224. — [11] Athénée, XIV.

à haute voix, au moment du sacrifice, la défense faite aux esclaves d'y assister. En Italie, où on avait confondu avec Leucothoée la Matuta étrusque, autre divinité dont le polythéisme à son déclin avait aussi perdu l'intelligence, on n'admettait dans le temple qu'une femme esclave, à qui les autres femmes en entrant donnaient chacune un soufflet [12]. Les traditions antiques racontaient à Rome que Appius Claudius, dont la *gens* partageait avec celle des Potitii les fonctions sacerdotales du culte d'Hercule, ayant persuadé à ses rivaux qu'il voulait perdre, d'initier des esclaves publics aux cérémonies de ce culte, afin de se faire remplacer par eux, le dieu irrité avait fait périr en une année les douze familles de la *gens* Potitia, qui comptait alors trente pubères, éteignant ainsi à jamais leur race, et, peu d'années après, frappé Claudius de cette cécité dont le souvenir s'est attaché à son nom [13]. Chez les Germains, les esclaves que l'on avait employés aux cérémonies du culte d'Hertha étaient aussitôt noyés [14].

Sur la question de l'esclavage, la science était demeurée d'accord avec la religion. Platon déclare, dans son traité des lois, que l'esclavage est une nécessité [15]. Il l'accepte à ce titre comme base essentielle de l'organisation sociale, qu'il donne lui-même

---

[12] Plut., *Questions romaines*, 16. — [13] Liv. IX. 29. — [14] *Servi ministrant quos statim lacus haurit.* Tacit., *Germ.*, 40. — [15] Plat., *les Lois*, VI.

comme un type de perfection auquel il faut désespérer d'atteindre jamais. Il l'accepte dans toute sa rigueur : avec le droit absolu de vie et de mort en faveur du maître, avec un défaut complet de garanties sociales pour l'esclave, avec une exclusion totale pour lui des droits, des intérêts et enfin des vertus de la cité.

Aristote ne se borna pas à déclarer que l'esclavage était une nécessité. Si loin que le philosophe de Stagyre pût porter ses regards, et dans le temps et dans l'espace, partout il rencontrait l'esclavage servant de base à l'organisation sociale. Pour l'homme par qui l'observation des faits avait été proclamée l'unique source des connaissances légitimes, supposer qu'une société pût exister sans esclaves était donc une pure hypothèse, contraire à tous les faits observés, inadmissible par conséquent. Au fait il fallut une théorie. Aristote entreprit alors de prouver philosophiquement que l'esclavage était une institution conforme à la nature. Le dualisme absolu, qui servait de fondement à toutes les croyances de son temps, servit aussi de base à sa démonstration. « Parmi tous les êtres créés, dit-il, dès le moment où ils sont nés, les uns sont destinés à obéir, les autres à commander ; l'animal est destiné à obéir à l'homme, la femelle au mâle, le corps à l'âme, et dans tout l'univers la matière à l'esprit. Tous les hommes donc, qui sont autant au-dessous des autres que la matière est au-dessous de l'esprit, le corps au-dessous de l'âme et l'animal au-dessous de l'homme, sont destinés à obéir aux autres : *ils sont esclaves par nature*. Il est utile pour eux-mêmes, il est juste qu'ils ne soient admis dans la société que comme esclaves [16]. »

Autour de cette théorie toute philosophique, Aristote ne manque pas de grouper avec habileté tous les faits qui lui semblent propres à la justifier. Il fait voir que « l'esclave ne sert, comme l'animal domestique, que par ses forces corporelles. » Il demande comment, dans l'ordre du travail, on pourrait se passer de ces instruments animés de la production, du moins tant que les instruments inanimés ne seraient pas « comme ces trépieds d'Homère qui « entraient et se rangeaient d'eux-mêmes dans la « salle du conseil des dieux. » — « [17] La nature « elle-même, dit-il enfin, semble avoir voulu marquer d'un caractère différent les corps des hommes « libres et ceux des esclaves. Il a donné aux uns la « force convenable à leur destination ; aux autres, « une stature droite et élevée qui les rend peu propres au travail, utile au contraire dans la vie « politique, partagée toute entière entre la guerre « et la paix [18]. » Cette dégradation qu'Aristote croyait remarquer dans la constitution physique des esclaves, Platon l'avait remarquée aussi dans leur intelligence. « Jupiter », avait-il dit [19], répétant avec la foule deux vers de l'Odyssée passés en pro-

---

[16] Arist., *Pol.*, I. II. 11-13 ; III. 20 ; V. 10. — [17] Arist., *Pol.*, I. II. 4. — [18] Id., *ib.*, 14. — [19] Plat., *loc. cit.*

verbe, « Jupiter prive de la moitié de son intelli-
« gence celui qu'il laisse tomber dans la servitude.»
Aristote, de son côté, déclarait moins comme une
conséquence de sa théorie que comme un fait, que
l'esclave était sinon incapable de toute vertu, du
moins « entièrement privé de la faculté de déli-
« bérer [20]. »

D'accord avec les sages sur l'infériorité morale
de la classe esclave, la foule exprimait cette conviction autant par son langage que par sa conduite.
L'épithète de servile était, en toutes choses, le
dernier terme du mépris: on disait un cœur servile,
un esprit servile, pour caractériser ce qu'il pouvait
y avoir de plus lâche, de plus corrompu, de plus
borné [21]. On disait, pour rendre l'idée de la réunion
que pourraient former les plus scélérats et les plus
stupides des hommes, que ce serait une cité d'esclaves [22]. Quand les auteurs comiques faisaient paraître des esclaves sur la scène, ils ne manquaient
pas de les montrer ou rampants et vils, comme le
Messénion des *Ménechmes* et l'Olympion de *la
Cassina*, ou plus souvent encore vicieux, voleurs,
parjures, insensibles autant au mépris qu'aux coups,
ne se relevant aux yeux des spectateurs que par la
puissance d'astuce et d'audace qui était en eux
comme attachée à leur condition, ou par un dévouement aveugle à servir les folles passions de
leurs maîtres.

[20] Arist., *Pol.*, IV, et *Morale*, v. 6. — [21] Erasm. *Adag.*,
1228. — [22] *Servorum civitas.* Id., *ib.*, 1822.

La foule et les sages ne se trompaient pas. Il était comme impossible, en effet, que l'état toujours précaire et souvent affreux des esclaves n'eût pas pour résultat de maintenir la masse dans une démoralisation profonde. Il y a dans les lois romaines un témoignage aussi étrange qu'irrécusable de cet effet dégradant de l'esclavage. Selon l'édit des édiles, celui à qui on avait vendu comme tout nouvellement réduit en servitude, un esclave qui avait déjà servi plus d'une année, un vétéran pour un novice, comme on disait alors, avait contre le vendeur l'action rédhibitoire [23]. On présumait, disaient les jurisconsultes, que l'esclave encore rude et simple serait plus docile, plus apte à toute espèce de travaux, que celui qui, gâté par la servitude, y aurait contracté des mœurs qu'il serait impossible à son nouveau maître de réformer. C'est que tout ce qu'il y avait de généreux et d'élevé parmi les hommes que la fortune précipitait dans la servitude, ou ne tardait pas à en sortir par l'affranchissement, ou lui échappait par la mort. Le reste, sauf quelques exceptions, était composé d'hommes nés esclaves, dressés au joug, comme dit Xénophon, par une éducation toute animale [24], de barbares transplantés loin de leur pays, au milieu d'une civilisation dont les vices étaient plus près d'eux que les vertus, de captifs appartenant aux dernières classes

---

[23] *Præcipiunt œdiles: ne veterator pro novitio veneat.* Dig., XXI. 1. 37. — [24] Xenoph., *Œcon.*, XIII.

de la société. Etrangère à tous les grands intérêts qui relèvent l'homme à ses propres yeux, aux droits de la cité, de la propriété, de la famille, chargée de mépris, jouet de toutes les passions brutales, usée par les privations et par la fatigue, cette masse d'hommes sans dieux, sans patrie, sans liens, sans avenir, formait partout, autant dans l'ordre moral que dans l'ordre politique, une classe réellement inférieure.

Prises dans leur généralité absolue, les deux propositions fondamentales de la théorie d'Aristote étaient donc encore, à la fin de l'ère païenne, l'expression fidèle de l'état du monde. En fait, il était vrai que dans tout l'Occident l'organisation du travail, élément essentiel de toute civilisation, reposait toute entière sur l'esclavage; en fait, il était vrai aussi que la masse des hommes esclaves, non sans doute par nature, comme le croyait Aristote, mais du moins par suite de sa constitution présente, était moralement inférieure à la classe des hommes libres, qu'elle était faite pour obéir; et en ces temps, obéir c'était être esclave.

Il faut dire maintenant comment les choses en étaient venues là, et quels éléments de rénovation elles renfermaient déjà.

CHAPITRE QUATRIÈME.

DES ORIGINES DE L'ESCLAVAGE ANTIQUE, ET DES RÉVOLUTIONS QU'IL AVAIT DÉJA SUBIES AVANT LA FIN DE L'ÈRE PAIENNE.

Origine et idée de l'esclavage. — Ses premiers résultats. — Opinions émises sur ce sujet. — Des révolutions de l'esclavage et des éléments de dissolution qu'il renfermait.

I. Etabli chez toutes les nations civilisées du monde antique, quelles que fussent leurs races, leurs origines, leurs mœurs, leurs organisations politiques, l'esclavage, à quelque haute antiquité que l'on veuille remonter, se présente partout dans l'histoire de l'Occident comme une institution définitivement organisée. En aucun temps, en aucun lieu on ne le voit commencer; et s'il est quelques peuples dont les traditions gardent mémoire d'une époque où parmi les hommes il n'y avait pas d'esclaves, ce souvenir se confond, dans leurs croyances, avec ce temps fabuleux où des ruisseaux de lait et de miel arrosaient la terre. Mais quelque reculée que puisse être l'époque qui vit naître l'esclavage, trois choses l'avaient nécessairement précédé : la famille, la propriété, la guerre.

Selon la Genèse, le premier homme qui fut né d'un homme tua son frère. Aussi vieille dans le monde que l'espèce humaine, la guerre ne fut d'abord que le meurtre même. L'homme faisait alors la guerre à l'homme comme à la bête féroce ; vainqueur, il dévorait son ennemi ou l'immolait à ses dieux, et de sa dépouille se faisait une parure ou un ornement pour sa demeure. De ces hideuses coutumes, communes à toutes les races humaines au début de leur histoire, les traces n'ont été nulle part si promptement effacées, que l'on ne puisse encore marquer, avec certitude, pour chaque nation, le temps où ses ancêtres se faisaient gloire de ce qui aujourd'hui fait horreur à leurs descendants. Nulle part aussi, les cruautés de la guerre primitive n'ont été remplacées tout-à-coup par cette bienveillance entre le vainqueur et le vaincu, dont l'Europe moderne a vu quelques beaux exemples. César, le plus clément des vainqueurs de l'antiquité, fit de sang-froid exterminer toute une nation, coupable d'avoir défendu son indépendance contre lui [1]. Il fit couper les mains à des milliers de prisonniers Gaulois, sans autre but que d'effrayer la nation entière par cet exemple [2]. A la fin de l'ère païenne, l'usage de se parer de la chevelure ou des dents de l'ennemi vaincu, de se faire une coupe de son crâne, et s'il avait échappé au carnage, de l'immoler aux dieux avec de grandes cérémonies, était encore en honneur chez tous les peuples barbares. Cinq siècles après sa fondation, Rome semblait encore un charnier, tant les portes de ses maisons

I. [1] Cæsar, *B. G.*, vi. 3o. — [2] Hirtius, *B. G.*, 44.

les plus illustres étaient chargées de dépouilles humaines; et ce ne fut qu'au viie siècle de son existence, qu'elle renonça publiquement à l'usage d'immoler aux dieux des captifs étrangers [3].

Alors cependant, il y avait déjà bien long-temps que l'on avait trouvé mieux à faire de l'ennemi vaincu que de le dévorer, d'offrir sa vie en hommage aux dieux, ou de se faire un trophée de sa dépouille; car il y avait long-temps que l'esclavage était établi: l'esclavage, qui du vaincu avait fait, pour le vainqueur, la plus précieuse des richesses. C'est un fait attesté par toutes les traditions, confirmé par tous les témoignages, accepté enfin par la science de tous les temps, que l'esclavage est fils de la guerre; que le premier esclave, que le premier *serf* sur la terre fut le premier vaincu qu'épargna, que *conserva* son vainqueur pour se faire *servir* par lui [4]. En quel temps, en quel lieu, chez quelle race cette grande innovation fut-elle d'abord produite? Nul ne le sait. Partout où le vainqueur se trouva assez fort pour pouvoir épargner le vaincu et le garder sans danger auprès de lui, assez intelligent pour comprendre qu'il vaudrait mieux se faire servir par lui que le tuer, assez industrieux pour savoir se le rendre utile, l'esclavage commença. Mais toutes ces combinaisons ne furent probablement, nulle part, l'œuvre

---

[3] Pline, *N. H.*, xxviii. 3; xxx. 3. — [4] Voir la note à la fin du Discours.

d'un jour. Avant d'épargner son ennemi sur le champ de bataille, seulement afin de le faire travailler à son profit, le vainqueur l'épargna longtemps, sans doute, pour le torturer à loisir, le dévorer à son heure, ou l'immoler aux dieux avec plus de solennité.

Il faut donc reconnaître que, quel qu'il ait pu être en ses premiers temps et quel qu'il soit devenu, comparé à ce qui était avant lui, à ce qu'il tendit à remplacer peu à peu, l'esclavage, à son origine, fut parmi les hommes une amélioration réelle. De toutes les violations que l'homme peut commettre contre la loi divine, qui de chacun de ses semblables lui fait un frère, la plus grande c'est le meurtre, parce que c'est la seule qui soit de tous points irréparable. Tout ce qui tend à arrêter le meurtre, quoi que ce puisse être, est donc un progrès. Ce fut, chez les anciens, la première mission de l'esclavage. On peut remarquer que, chez les peuples de l'antiquité, les guerres furent partout d'autant moins meurtrières, que le vainqueur, soit par le système d'organisation du travail qu'il avait adopté, soit par la composition du corps de ses travailleurs, avait plus besoin d'esclaves. Les grands massacres exécutés de sang-froid après le combat, si communs chez les peuples barbares, à peu près privés de toute industrie, étaient, au contraire, très-rares chez les peuples civilisés, riches, initiés aux bienfaits du travail. Si cruels qu'aient pu se montrer parfois les Romains dans le cours de leurs conquêtes, ils ne mirent jamais en délibération, comme firent les Cimbres au moment de leur entrée en Italie, les Hébreux aux portes de Chanaan, les Tartares quand ils s'emparèrent de la Chine [5], s'ils n'extermineraient pas jusqu'au dernier les habitants de la contrée qu'ils allaient envahir.

Là même où le peu de développement du travail et la nature des éléments dont se composait la classe laborieuse, ne faisaient pas au vainqueur un intérêt immédiat d'épargner le vaincu pour en faire son esclave, un autre intérêt, né seulement de l'établissement de l'esclavage, produisit le même résultat. C'était parce que les marchands Phéniciens, Carthaginois, Grecs, Latins, venaient en foule et à toute heure acheter des esclaves chez toutes les nations barbares, que celles-ci, renonçant peu à peu à leurs vieilles guerres d'extermination, en étaient enfin venues à ne plus chercher durant la guerre qu'à se faire des prisonniers. Et ceci ne veut pas dire que parmi elles l'esclavage entretenait la guerre; car la guerre existait entre elles toutes, sans repos, sans merci, sans pitié, et avant l'esclavage, et encore à la fin de l'ère païenne, partout où nul intérêt n'avait suggéré l'idée d'épargner l'ennemi vaincu.

Mais pourquoi le vainqueur, quand enfin il fut arrivé à comprendre qu'il valait mieux épargner le vaincu et se le rendre utile que le tuer, ne voulut-il voir en lui qu'un être d'une autre nature que lui-

---

[5] Montesquieu, *Esprit des lois*.

même, qu'une bête de somme, qu'une chose? De cela seul qu'il en fut partout ainsi, on pourrait déjà conclure que cet état des choses ne put être produit que par des causes intimement liées à la nature même de l'homme et de l'association humaine, tels qu'ils étaient l'un et l'autre au temps où s'établit l'esclavage. Ne pourrait-on essayer de retrouver ces causes dans l'étude de ces temps obscurs?

La haute antiquité de l'établissement de l'esclavage, l'impossibilité d'en retrouver l'origine chez quelque race que ce soit, disent assez que cette vieille institution est née parmi les hommes en des temps à peu près étrangers à ce que nous appelons aujourd'hui la civilisation. L'esprit de famille était alors le seul lien établi entre les hommes; c'était uniquement comme enfants ou descendants d'un même père qu'ils étaient associés; leurs dieux étaient les dieux de leurs pères; leur patrie, pour ceux qui n'étaient pas nomades, la terre où leurs pères étaient nés, où ils avaient vécu, sous laquelle ils dormaient. Or, une association, organisée seulement sous l'empire de l'esprit de famille, était absolument fermée à l'étranger. Il n'était possible ni à lui-même, ni à ceux aux mains desquels la fortune l'avait fait tomber, d'oublier que son sang n'était pas celui de leur père commun, leur dieu son dieu, leur terre sa terre. Entre eux et lui nulle association n'était donc possible : l'esprit de famille, seul lien connu, ne pouvant reconnaître d'association qu'entre des hommes d'une même race. Sans parler de l'impossibilité morale qu'aux guerres sans miséricorde, aux haines furieuses de ces temps barbares, succédât tout-à-coup entre le vainqueur et le vaincu, hier encore tous prêts à se dévorer, une tendre fraternité. Alors de l'ennemi vaincu, le vainqueur ne pouvant faire son frère, en fit sa chose. Exclu de la famille, le captif étranger tomba dans la propriété, la seule des deux choses antérieures à l'esclavage qui pût, sans mentir à son principe, donner place au fait nouveau qui remplaçait l'extermination complète des vaincus, loi des temps antérieurs.

On pourrait dire encore que lorsque des hommes issus de races différentes se rencontrèrent pour la première fois, ce qui dut les frapper d'abord, ce fut l'ensemble des caractères à l'aide desquels Dieu avait gravé sur leurs fronts la diversité de leurs origines. Ne pouvant donc se croire semblables, ils furent ennemis, et quand le plus fort eut consenti à épargner le plus faible, il ne put s'abaisser à se croire de la même espèce que lui, à le traiter autrement que comme un animal dompté.

Toutefois, l'assimilation du captif à la chose possédée ne pouvait être si complète, qu'entre le vainqueur et le vaincu il ne s'établît pas immédiatement une association réelle encore qu'inégale. La guerre broyait les peuples, l'esclavage les mêla. Considéré dans son essence, il fut, dans l'ordre des temps, la première forme d'association établie entre des hommes de races diverses.

Quelque voilée que pût paraître à la fin de l'ère païenne cette idée fondamentale de l'esclavage, dont la conséquence nécessaire était que nul ne pût se considérer comme maître légitime d'un homme de la même race que lui, la vérité est que cette idée ne fut jamais oubliée, ni par les sages, ni par la foule. Sans doute en permettant au père de vendre ses enfants et de les faire ainsi esclaves, même au sein de la cité, on se trouvait en contradiction avec le principe qui ne voulait d'esclaves que d'une race étrangère. Mais la vieille constitution du foyer domestique dominait ici la jeune constitution de la cité, trop faible encore pour oser déroger aux lois de la famille dont elle venait, pour ainsi dire, de sortir. Ce n'était pas par une simple dérogation au principe essentiel de l'esclavage, et en vertu d'une exception venue après lui, mais bien par respect pour un état des choses antérieur à l'esclavage lui-même, que le père, à qui l'on n'aurait pas osé contester le droit de tuer ses enfants, conservait partout celui de les vendre : première atténuation du droit antique. Aussi, voit-on que partout où les progrès de la civilisation arrivèrent à subordonner enfin la famille à la société, les lois ou du moins les mœurs travaillèrent sans cesse à rendre la vente des enfants par le père plus rare, à en limiter et à en adoucir les effets [6].

---

[6] Voir ci-dessus, II. IV.

Quant à la vente du débiteur insolvable, c'est un fait historique, aujourd'hui hors de doute, qu'elle ne fut jamais permise dans l'origine que contre les hommes des classes inférieures et en faveur des nobles, lesquels partout, et non sans raison, ne considéraient les plébéiens que comme des hommes d'une autre race qu'eux-mêmes. Aussi, le droit rigoureux du créancier ne survécut-il nulle part long-temps aux distinctions sociales desquelles il était né. Il demeura jusqu'au temps de l'invasion romaine en pleine vigueur dans la Gaule, où l'ordre des plébéiens, qui seuls pouvaient être vendus pour dettes, était compté pour rien et placé à une distance infinie de ceux des druides et des nobles. Il tomba, au contraire, à Athènes, dès que Solon fut parvenu à fondre ensemble les trois vieilles races de la côte, de la plaine et de la montagne; à Rome, aussitôt que de l'antique distinction des races patricienne et plébéienne il ne resta que les vanités et les faux semblants. Long-temps même avant l'abolition du droit du créancier, on ne cessa de travailler à rendre la servitude du débiteur différente de celle de l'esclave proprement dit. On lui laissa son nom, sa place dans la hiérarchie sociale, toute facilité pour la reprendre telle qu'elle avait été d'abord, sans même avoir recours, comme le prisonnier fait esclave par l'ennemi, à la fiction du droit de rentrée secrète. Chez les Germains, quand un joueur, après avoir tout perdu, jouait sa liberté et la perdait encore, son vainqueur se hâtait de le vendre à l'étranger [7].

Dans aucune cité, le délire des haines politiques les plus violentes ne put jamais faire perdre de vue la loi fondamentale de la servitude. Ni à Argos, où l'on vit un parti faire périr en un jour dix-huit cents citoyens du parti contraire; ni à Corcyre, où les sanglants démêlés des nobles et du peuple se montrèrent pourtant sous des couleurs si hideuses, on ne vit le parti vainqueur oser des vaincus faire des esclaves.

Entre des peuples dont l'origine commune n'était pas oubliée, la guerre put bien faire que, sans respect pour la communauté du sang, le vainqueur traitât en esclave le vaincu. Mais les voix les plus respectées ne cessèrent de protester contre cet usage, que la conscience publique réprouva toujours. Aristote dit que, de son temps, les hommes « profondément versés dans la connaissance des lois », n'admettaient comme légitime que l'esclavage des barbares [8]. « Entre les Grecs », disait Platon, « la « guerre n'est vraiment qu'une sédition et non une « guerre véritable. » D'où il concluait que les Grecs ne devaient, en aucun cas, se faire mutuellement esclaves [9]. La conscience publique se souleva en Grèce, quand on vit Athènes et Samos marquer au front les prisonniers qu'elles se faisaient l'une à

---

[7] Tacit., *Germ.*, 24. On sait la différence établie par les lois de Moïse entre l'esclave hébreu et l'esclave étranger. — [8] Arist., *Pol.*, I. II. — [9] Plat., *Rép.*, V.

l'autre, comme des esclaves; Syracuse jeter dans les carrières les prisonniers Athéniens; Sicyone distribuer dans ses lieux de prostitution les plus nobles filles de Pellène. La vente des Grecs vaincus par les Grecs vainqueurs fut toujours réprouvée. Rome s'indigna de voir Pompée Strabon traîner derrière son char de triomphe les captifs Latins de la guerre sociale; et quoique Ventidius Bassus, traité par lui comme esclave, fût entré dans Rome à la suite du vainqueur, il n'en devint pas moins consul[10].

C'était un reproche éternel en Grèce pour les habitants de Chio d'avoir, les premiers, réduit en servitude les Grecs que la piraterie faisait tomber en leurs mains; pour les Lacédémoniens, d'avoir fait esclaves les Messéniens, Hellènes comme eux. C'est à cause de cela qu'on disait d'eux qu'ils avaient inventé l'esclavage[11], encore que l'on n'ignorât pas que bien avant l'arrivée des Hellènes Doriens dans le Péloponèse, l'esclavage était partout établi. Rien ne pouvait effacer du souvenir de la Grèce cette violation de la loi du sang. Toute révolte des ilotes Messéniens était assurée de trouver des sympathies chez tous les peuples Hellènes : et quoique au temps des deux grandes chutes de la Messénie, tout ce qu'il y avait eu d'illustre parmi les vaincus se fût dérobé par la fuite à la servitude[12]; lorsque Thèbes, après plus de 300 ans,

---

[10] A. Gell., xv. 4. — [11] Athénée, vi; Plin., *N. H.*, vii. 57. — [12] Pausanias, iii.

profita de sa victoire sur Sparte pour relever la nationalité Messénienne, les applaudissements unanimes de la Grèce célébrèrent avec transport cette réparation au vieux principe, également célébré par les poètes et par les sages [13] : que l'étranger, celui qu'on appelait alors le barbare, pouvait seul être légitimement esclave, que l'Hellène ne devait pas servir l'Hellène. Qui jamais cependant songea dans la Grèce à relever Hélos, Amyclée, Géranthra ; à rendre aux fils de leurs anciens habitants, avec leur liberté, leur nationalité perdue? C'est que, tandis que pour les Messéniens, la conscience de la Grèce entière protestait de siècle en siècle contre leur servitude sous des hommes d'une même race qu'eux, l'esclavage des Pélasges de la Laconie, sous le joug des Spartiates Hellènes, demeurait aux yeux de tous un fait normal, légitimement consommé, conforme enfin à l'idée essentielle de l'esclavage, dont le droit était, pour tous, placé hors de discussion.

II. Il ne se pouvait pas que l'assimilation du captif à la propriété, et son admission, sinon dans la famille, du moins auprès d'elle, ne produisissent pas et dans la propriété et dans la famille une révolution importante. C'est un fait incontestable que chez tous les anciens peuples de l'Occident, le développement du travail (et la propriété n'a d'existence

---

[13] Euripide, *Iphigénie*, 1400; Arist., *Pol.*, I. 1.

et de valeur que par le travail) était partout lié de la manière la plus intime au développement de l'esclavage. Du nombre des esclaves et de l'habileté que l'on déployait à se servir d'eux, dépendait partout la richesse individuelle et sociale. Plus on remonte aussi dans l'histoire des nations antiques, vers le temps où l'esclavage a pris naissance, et plus on voit la répugnance primitive de toutes les races humaines pour le travail se manifester partout, et par le mépris dont il est l'objet, et par son peu de fécondité. Partout et de tous les temps, au sein des sociétés les moins développées, cette répugnance, qui n'est domptée que par le besoin immédiat, s'allie avec ce que l'imprévoyance peut avoir de plus aveugle et de plus funeste. Le sauvage coupe l'arbre au pied pour avoir le fruit plus aisément, sans songer que, sur cet arbre ainsi abattu, le fruit qu'il va cueillir sera le dernier qu'il cueillera jamais. L'oubli des besoins à venir est un caractère aussi commun à tous les peuples enfants qu'aux enfants eux-mêmes.

Or, cette haine du travail et cette imprévoyance destructive, communes à l'origine, on ne saurait trop le répéter, à toutes les races humaines, ne sont pas réellement chez elles le produit d'un instinct fatal ; elles tiennent surtout à une sorte d'impuissance réelle, née, chez les peuples peu civilisés, d'un défaut presque absolu de moyens d'action sur le monde extérieur. Quand on considère les forces, en apparence ennemies, contre lesquelles l'homme a eu long-temps à lutter, on s'étonne qu'il ait pu parvenir jamais à en faire des instruments dociles de sa volonté. Le besoin qui les lui a fait connaître lui a seul inspiré le désir de les dompter; le développement de l'association humaine lui a seul ensuite fourni les moyens d'associer aussi aux désirs de son intelligence, les forces brutes que la nature avait semblé se plaire à mettre en jeu contre lui. Seul il lui a fourni les moyens d'organiser, de constituer sur des bases régulières ce travail assidu, incessant, qui, profitant du moment que laisse le besoin tout-à-l'heure satisfait, en use avec ardeur pour prévenir encore le besoin qui s'approche, et le gagnant de vitesse, arrive enfin à prévenir le besoin lointain, le besoin imprévu, et pour dernier terme, à chercher sans cesse des besoins nouveaux pour satisfaire son activité désormais infatigable.

Mais tant que l'association ne dépassa pas les bornes de la famille, l'organisation du travail, ou du moins sa supériorité sur le besoin, furent à peu près impossibles; soit à cause du peu d'étendue de l'association elle-même, et par conséquent de sa faiblesse; soit parce que, pour aucun des membres de l'association, le travail, haï et méprisé qu'il était, ne put être une fonction permanente. Ce fut par l'admission, auprès de la famille, d'un étranger placé en dehors d'elle et n'ayant droit à aucun privilége, que le travail reçut sa première organisation régulière. Il fallait d'abord pour que le captif vécût, qu'il travaillât; le nourrir oisif eût été, de la part du vainqueur, faire pour son ennemi plus qu'il ne pouvait faire pour sa famille. Mais quand il eut fait travailler le vaincu pour qu'il vécût, le vainqueur ne put tarder à le faire travailler pour lui-même; dès-lors le travail fut organisé. Il y eut, dès ce moment, dans la société une classe d'hommes destinés, par leur condition même, à un travail assidu. Cessant d'être une nécessité momentanée, obéie quand le besoin se faisait sentir, oubliée dès qu'il avait cessé d'être ou actuel ou prochain, le travail devint une fonction sociale, dont l'action fut désormais toujours continue, toujours croissante.

Considéré dans ses résultats, l'esclavage fut, dans l'ordre des temps, la première organisation régulière et permanente du travail.

Les heureux résultats de cette innovation ne furent ni lents ni difficiles à reconnaître. De tous les anciens peuples de l'Occident, aucun n'atteignit un haut degré de richesse et de prospérité qu'en laissant dans son organisation une large place à l'esclavage. Partout au contraire où cette vieille institution demeura dans l'enfance, le travail y demeura aussi, et avec lui la science, l'art, le développement intellectuel et moral, la civilisation enfin. Tandis que l'Irlandais, demeuré fidèle à l'antique usage de l'extermination des vaincus[1], demeurait en même temps pauvre, borné, sauvage, le monde Grec et Latin, qui jadis avait eu aussi ses

---

II. [1] Strabon, IV. 5. 5.

Lestrygons et ses Cyclopes anthropophages, s'élevait, par le développement parallèle et de l'esclavage et du travail, à des hauteurs jusque-là inconnues dans la sphère du bien-être et de l'intelligence. Entre ces deux extrêmes, les peuples qui tenaient le milieu par l'importance que l'esclavage avait prise dans leur organisation sociale, tenaient aussi le milieu dans l'ordre de la civilisation.

En présence de ces faits, tous également faciles à établir et à vérifier, on ne saurait plus craindre d'affirmer que l'établissement de l'esclavage en Occident y fut pendant long-temps une source féconde d'améliorations réelles. Tandis que courbée sous le joug qu'elle s'était résignée à subir en se résignant à vivre esclave, la classe des hommes destinés au travail, en assurant de plus en plus l'empire de l'homme sur le monde, de l'humanité sur son milieu, révélait de jour en jour à ses maîtres l'importance du travail, et par l'habitude apprenait elle-même à l'aimer; libre enfin du joug du besoin, la classe des maîtres s'élevait de son côté à un développement intellectuel et moral de plus en plus large.

L'un des premiers effets de la présence de l'étranger captif auprès de la famille, ce fut d'en resserrer et d'en ennoblir les liens. Non moins incontestable que la répugnance primitive de toutes les races humaines pour le travail, apparaît partout, à l'origine de l'histoire, le pouvoir absolu du père de famille sur la femme et sur les enfants

A dire vrai, dans l'ordre des temps, la première servitude fut la servitude domestique ; le premier esclave fut la femme [2]. C'est un fait commun à toutes les races humaines, avant les temps de leur civilisation, que la coutume de faire des femmes les premiers instruments du travail [3]. Partout, dans les temps anciens aussi bien que dans les modernes, on voit, parmi les peuples sauvages, la guerre donnée en partage aux hommes, le travail aux femmes, et avec lui les mauvais traitements et le mépris. Mais quand le captif eut pris au travail la place que la femme y occupait d'abord, celle-ci aussitôt, se relevant de son abaissement primitif, grandit dans la famille et dans la société. Elevée au rang des oisifs, elle eut au-dessous d'elle quelqu'un qui fut moins qu'elle, à qui elle put commander. Exemptée de ses antiques labeurs, elle eut le temps d'être belle, elle eut le temps d'être aimée ; d'esclave elle devint épouse. Relevés par le commandement qu'ils lui conféraient, les soins du ménage, jadis réputés humiliants, signes et actes de servitude, devinrent, au contraire, ses titres d'honneur [4].

---

[2] M. Granier de Cassagnac a particulièrement développé cette idée dans le second numéro de la *Revue de Paris*, d'août 1836. — [3] Quand il n'y avait ni Daves ni Saces, disait le poète Phérécrate, tous les travaux étaient faits par les femmes. Athénée, VI. Comme témoignages de l'asservissement primitif des femmes au travail, voir, pour les Gaulois, Arist., *Pol.*, II. IX ; Strabon, IV. 4 ; pour les Germains, Tacite, *Germ.* ; pour les Ibériens, Justin, XLIV. — [4] Selon les traditions romaines, la première condition que

Ce ne fut plus une œuvre servile qu'elle eut à faire, ce fut un empire qu'elle eut à gouverner. Du rôle d'instrument, elle s'éleva au rôle de chef des travaux. Pour parler comme un philosophe moderne [5], de *sujet* qu'elle était elle devint *ministre*.

Avec la femme, l'enfant fut relevé aussi de l'abaissement primitif où le besoin, plus fort encore que le travail, et qui d'un enfant faisait toujours une charge, l'avait d'abord placé. L'inégalité même de l'association établie par l'esclavage entre les vainqueurs et les vaincus, fut, à l'origine, un élément actif de progrès. Elle plia, chez les uns, à l'obéissance et au travail des natures à la fois paresseuses et rebelles ; elle exalta, chez les autres, le sentiment de leur dignité ; elle resserra entre les maîtres les liens de la famille et les liens sociaux ; en leur faisant une nécessité de demeurer unis pour la conservation de leurs priviléges, en face d'un ennemi dompté mais toujours prêt à briser son joug, elle leur enseigna la valeur, la discipline, la vigilance, l'art de gouverner. Considéré à son origine, autant comme première association entre des hommes de races diverses, que comme pre-

---

les femmes Sabines firent à leurs ravisseurs pour prix de leur soumission, fut d'être exemptées de moudre le blé et de préparer les aliments, travaux réputés serviles. Dion. Hal., *Ant. Rom.*, II. — [5] M. de Bonald, de qui la *Législation primitive*, toute éloignée qu'elle est des idées que j'ai d'aujourd'hui, n'en demeure pas moins à mes yeux l'une des productions les plus remarquables de notre siècle.

mière organisation régulière et permanente du travail, l'esclavage fut donc à la fois avantageux au vaincu qu'il sauva de l'extermination, avantageux aussi au vainqueur qu'il releva, qu'il enrichit; à l'humanité enfin, à qui il conserva des forces précieuses dont il doubla encore la puissance en les associant.

Avant d'aller plus loin, il faut parler ici des opinions émises, jusqu'à ce jour, sur l'esclavage en général.

III. « L'esclavage », a dit Montesquieu (que les autres ensuite n'ont fait que copier ou commenter), « l'esclavage n'est pas bon par sa nature; il n'est « utile ni au maître ni à l'esclave : à celui-ci, parce « qu'il ne peut rien faire par vertu; à celui-là, « parce qu'il contracte avec ses esclaves toutes « sortes de mauvaises habitudes, qu'il s'accoutume « insensiblement à manquer à toutes les vertus mo- « rales, qu'il devient fier, prompt, dur, colère, « voluptueux, cruel [1]. » Le grand vice du magnifique ouvrage de Montesquieu a été mis à nu par la philosophie moderne. Dans le système général de l'*Esprit des lois,* l'action du temps a été pour ainsi dire oubliée; on dirait un tableau d'un dessin achevé, d'un coloris merveilleux, mais sans perspective. Selon Montesquieu, l'influence du climat, la forme du gouvernement et les passions indivi-

---

III. [1] Esprit des lois, xv.

duelles disposent seules des choses humaines. Forcé, par la grandeur du rôle que l'esclavage a joué dans l'histoire du monde, d'admettre qu'*il doit être fondé sur la nature des choses,* Montesquieu ne reconnaît, à l'établissement de l'esclavage parmi les hommes, que deux origines ou causes raisonnables : le despotisme politique qui ôte tout prix à la liberté, et la chaleur de certains pays « qui énerve les corps « et affaiblit si fort le courage, que les hommes ne « sont portés à un devoir pénible que par la crainte « du châtiment. » Or, l'esclavage est assurément une des institutions sur lesquelles la forme du gouvernement politique et le climat ont le moins influé dans le monde antique ; car, outre qu'on l'y voit aussi bien établi dans les pays froids que dans les pays chauds, on l'y voit aussi non moins développé dans ce que Montesquieu appelle les états libres, dans les républiques démocratiques de la Grèce et de l'Italie, que dans les états gouvernés despotiquement. Si Montesquieu n'avait pas été sans cesse préoccupé par la grande œuvre critique, dont il fut l'un des plus puissants promoteurs, cette simple observation ne lui eût pas échappé, et avec elle la véritable cause pour laquelle l'esclavage s'est trouvé, au temps de son établissement parmi les hommes, fondé, comme il le dit, sur la nature des choses ; cause que Montesquieu n'a méconnue que pour n'avoir pas tenu compte de la différence des temps.

Il est historiquement certain que c'est au sein de

sociétés faibles, pauvres, bornées, ignorantes, ennemies du travail durant la paix, féroces à la guerre, et comme premier pas vers la fin des guerres d'extermination, que l'esclavage a pris naissance. A son origine donc, au lieu d'empêcher le vaincu, devenu esclave, de rien faire par vertu, comme le dit Montesquieu, après l'avoir sauvé de l'extermination, ce qui était déjà bien lui être utile, il lui a enseigné, sous la loi de la nécessité *et par la crainte du châtiment, le devoir pénible* du travail, que jamais il n'avait voulu apprendre tant qu'il avait été libre. Il n'a pas non plus, du moins au temps de son origine, duquel seul il est ici question, enseigné au maître, comme le dit Montesquieu, l'oubli des vertus morales; il ne l'a pas rendu fier, prompt, dur, colère, voluptueux, cruel; car le vainqueur, qui le premier songea à devenir maître, avant d'être maître était tout cela. Ce n'est pas la civilisation qui a fait naître parmi les hommes la colère, l'orgueil, la lubricité, la cruauté. La pureté des mœurs, la justice, la douceur, l'humanité du sauvage, tant célébrées par quelques écrivains du dernier siècle, imitateurs passionnés de quelques auteurs anciens, sont aujourd'hui si généralement appréciées à leur juste valeur, que l'infériorité absolue du sauvage à l'égard de l'homme civilisé n'a plus besoin d'être démontrée [2]. Or, c'est parmi des peuples à peu près

---

[2] Il suffit de rappeler ici, avec quelques belles pages des *Soirées de St.-Pétersbourg*, sur ce sujet, l'ouvrage de M. Dunoyer, sur *l'industrie et la morale considérées dans leurs rapports avec la liberté*.

sauvages que l'esclavage a pris naissance ; et pour ceux-ci, son établissement, bien loin d'avoir été un acte de cruauté, a été certainement une œuvre de pitié et d'intelligence, un fait progressif, c'est-à-dire meilleur que ce qu'il remplaçait. Des siècles ensuite ont passé avant qu'il en fût autrement. Si dure que pût être la conduite de quelques maîtres Grecs ou Romains à l'égard de leurs esclaves, qu'avait-elle donc de comparable aux usages, si universellement répandus, de leur temps, parmi les peuples qui de leurs prisonniers ne faisaient pas des esclaves, de les dévorer, de les faire mourir dans les tourments, ou tout au moins de les immoler aux dieux ?

« Mais, » dit Montesquieu, « tout le droit que la « guerre peut donner sur les captifs, est de s'assu-« rer tellement de leur personne qu'ils ne puissent « plus nuire. » Or, aujourd'hui on peut aisément, en Europe, s'assurer des prisonniers de guerre, de manière à ce qu'ils ne puissent pas nuire, sans pour cela les faire esclaves. Mais quand l'esclavage a pris naissance, pour faire vivre le captif il fallait d'abord le faire travailler ; et pour cela, autant que pour le garder sans danger au milieu des vainqueurs, eux-mêmes faibles et peu nombreux, il fallait faire peser sur lui un joug de fer. Entre hommes qui la veille étaient encore dans l'usage de s'entre-dévorer, n'était-ce donc pas d'ailleurs un progrès, assez grand pour tous, qu'une association quelconque, si dure qu'elle pût être ? Rude et sauvage comme les temps qui le virent naître, l'institution de l'esclavage ne doit pas être jugée d'après les idées et les mœurs des temps modernes. Quelle qu'elle ait pu être à son origine, acceptée, sanctionnée par la résignation du vaincu, l'association, dont l'esclavage jeta les bases entre des ennemis demeurés jusqu'alors irréconciliables, valut toujours mieux que l'extermination à laquelle elle succédait ; car le temps, qui ne peut rien sur la mort, a puissance d'effacer entre les hommes toutes les inégalités. Celle qui s'établit entre le maître et l'esclave fut même juste, il faut le dire, à son origine ; car, en donnant au plus fort l'empire sur le plus faible, alors que l'intelligence et l'industrie n'étaient rien, alors que la seule vertu de l'homme était la vertu guerrière, elle classa le vainqueur et le vaincu, dans leur association nouvelle, selon leur mérite.

Ce qu'a dit Montesquieu de la vente volontaire faite par le pauvre de lui-même ou de ses enfants, le plus souvent pour se soustraire, et eux aussi, à la misère et à la faim ; ce qu'il a dit encore de la vente forcée du débiteur insolvable, résultat d'un engagement volontaire antérieur, veut également être jugé de différentes manières selon les temps. Sans doute aujourd'hui, et parmi nous, vendre sa liberté ou acheter celle d'un autre serait une extravagance ; vouloir imposer à un homme l'obligation de se faire esclave pour le nourrir serait folie ; d'abord, parce que la liberté aujourd'hui renferme tous les autres biens ; ensuite, parce que le travail libre peut, en tout lieu, donner de quoi vivre à quiconque pourrait valoir d'être acheté. Mais chez les peuples parmi lesquels l'usage de vendre et d'engager sa liberté s'établit d'abord, la liberté de celui qui la vendait ou l'engageait, comme l'a dit Montesquieu, ne valait rien, et le travail libre n'existait pas. C'était partout le plébéien, l'homme des castes inférieures, méprisé, opprimé, qui vendait ou engageait sa liberté ou celle de ses enfants. Il attendait pour cela que le besoin le pressât, que son extrémité fût venue; alors seulement il allait trouver le noble, le patricien, l'homme des castes divines, seul riche, seul puissant, seul maître de tout. Mais entre l'un et l'autre il y avait un abîme. Quand nulle loi morale ne les reliait encore; quand le salaire, invention relativement récente et qui en suppose tant d'autres [3], était inconnu (car l'esclavage est évidemment né avant le salaire, le travail forcé avant le travail libre), quel motif aurait pu porter le patricien à venir au secours du plébéien étranger ? Et comment aurait-il pu être amené à traiter avec lui de son travail, alors que tant d'esclaves travaillaient déjà pour lui sans condition et sans traité ? Avant donc que le salaire et le travail libre fussent organisés, pour prix du pain qu'il demandait, le plébéien, qui n'avait que sa liberté, la donna; il obtint ensuite de ne faire que l'engager, puis de

---

[3] Celle de la monnaie, par exemple, dont l'introduction en Europe a une date à peu près certaine et relativement récente.

payer sa dette en travail, puis enfin d'être payé pour travailler. Le crédit et le salaire commencèrent ainsi; et quand ils furent établis, quand la vente volontaire, l'hypothèque corporelle et la vente forcée du débiteur insolvable purent tomber, sans entraîner dans leur chute les deux institutions dont elles avaient protégé l'enfance et qui aujourd'hui gouvernent le monde, elles tombèrent.

Quant au droit en vertu duquel le fils de l'esclave naissait esclave, son identité avec le droit d'héritage n'a pas besoin d'être démontrée; et celui-ci, qui oserait y toucher!

Ce que les économistes modernes ont dit du peu de fécondité du travail des esclaves, n'a aussi qu'une valeur relative. C'est du travail forcé qu'est né le travail libre; et cette vérité historique, incontestable, suffit pour justifier la première forme d'organisation, que le travail a reçue parmi les hommes sous la dure loi du plus fort. Nier d'ailleurs d'une manière absolue la puissance de l'esclavage, considéré comme institution organisatrice du travail, est impossible, en présence des immenses résultats auxquels arrivèrent les anciens peuples de l'Occident, chez lesquels l'esclavage demeura toujours la pierre angulaire de l'organisation industrielle. Sans parler des Égyptiens, dont les monarques les plus illustres se faisaient gloire sur leurs monuments de n'avoir employé, pour les élever, que les mains des étrangers qu'ils avaient vaincus [4];

---

[4] Hérodote, II; Diodore, I.

n'est-ce pas par leurs esclaves que la Grèce et Rome firent exécuter tant et de si magnifiques travaux ? L'esclavage empêcha-t-il dans leur sein le développement incessant de l'agriculture, de l'industrie, de la science, de l'art ? Quelque autre peuple cependant arriva-t-il avant notre ère, et seulement par le travail libre, à une puissance de production comparable à celle qu'atteignirent, par le travail forcé, les peuples Grecs et Latins.

La différence des temps ne doit pas moins être prise en considération, pour juger de l'influence que l'esclavage a pu avoir sur les mœurs privées des nations parmi lesquelles il était établi. L'innocence chez l'homme n'est jamais qu'ignorance ou impuissance : choses que l'on peut croire utiles parfois, mais qui ne peuvent jamais être considérées comme des mérites. Le mérite de l'homme est dans la vertu, laquelle, soit qu'elle consiste à s'abstenir ou à faire, suppose toujours la pleine liberté et la pleine connaissance de celui qui, par vertu, fait ou s'abstient. De cela donc que chez les peuples barbares, parmi lesquels l'esclavage était ou inconnu ou peu développé, on ne trouvait aucun de ces raffinements de volupté qui aujourd'hui soulèvent notre pudeur, et que les plus florissantes cités du monde antique ne pratiquaient peut-être avec tant d'abandon que parce qu'elles avaient beaucoup d'esclaves, il ne faut pas conclure que l'esclavage seul y eût perdu les mœurs. Toujours en lutte avec le besoin, l'homme des sociétés peu avancées, le barbare, comme on disait alors, avait peu de temps et de force pour s'adonner aux vices et les raffiner; mais il n'en ignorait aucun. Le plus grand de tous, le plus opposé à la nature, aujourd'hui tellement à tout jamais infâme qu'on ne peut même plus le nommer, était plus répandu encore à la fin de l'ère païenne chez les barbares que chez les peuples civilisés, lesquels du moins le flétrissaient par leurs lois et en rougissaient. La première raison de cet état des choses était dans l'extrême abaissement où était demeurée la femme, partout où elle n'était encore qu'un instrument de travail; et cela n'avait cessé nulle part qu'après que l'organisation du travail avait déjà atteint par l'esclavage de larges développements. C'était sous l'empire du charme qu'exerçaient sur eux la majesté de l'épouse ou les habiletés de la courtisane, que les peuples Grecs et Latins avaient commencé de déserter les abominations que Strabon s'étonnait de trouver comme en honneur chez tous les peuples barbares « de l'Orient à l'Occident, du Septentrion au Midi [5]. » C'était pour les chasser peu à peu, qu'Athènes et Rome avaient commencé par faire une honte à un homme libre de s'y prêter, les cantonnant pour ainsi dire dans la classe esclave, que les lois de l'empire en affranchirent ensuite. C'est sans nul doute pour en détourner leurs citoyens, que Solon et Nicandre avaient imaginé d'acheter pour les plaisirs du peuple

---

[5] Strab., IV. v. 5. Note 6 de la traduction de Coray.

de jeunes filles esclaves ; ce qui aujourd'hui, comparé aux mœurs modernes, nous semble horrible, et qui cependant était, il y a vingt-trois siècles, une amélioration réelle dans les mœurs.

Donc l'esclavage, comme toutes les institutions humaines, n'est ni bon ni mauvais par sa nature. Il est devenu contraire au droit naturel, depuis que les hommes savent s'associer à d'autres titres que celui de frère par le sang. Il est devenu nuisible au travail, depuis que le travail libre a, par le développement du crédit et du salaire, reçu une organisation plus forte et plus complète. Il est devenu funeste aux mœurs, depuis que la loi morale s'est montrée à l'homme aussi pure et l'égalité des sexes aussi prochaine, qu'elles commençaient à l'être, à la fin de l'ère païenne, dans les états les plus civilisés du monde antique. Mais quand il s'est établi, quand il est venu mettre un terme aux guerres d'extermination, associer des hommes qui jusque-là n'avaient su que s'égorger, et donner au travail sa première organisation, il a été bon, c'est-à-dire meilleur que ce qui l'avait précédé. Ensuite il a dû finir, et vers la fin de l'ère païenne, les signes de sa fin se faisaient voir déjà ; mais ceux qui les voyaient ne les comprenaient pas, parce que bien des siècles devaient encore passer avant qu'il cessât d'être, de même que bien des siècles avaient passé avant qu'il fût arrivé à sa plus grande puissance.

IV. Tout ce qui a commencé doit finir, et porte en soi, dès l'origine, le principe de sa dissolution, c'est-à-dire de sa transformation définitive. Du défaut d'un lien moral, assez large pour associer comme êtres semblables des hommes de races différentes, et de la répugnance primitive de toutes les races humaines pour le travail, était né l'esclavage. Sa mission était d'établir parmi les hommes une association indépendante des liens du sang, et de préparer par l'organisation du travail forcé celle du travail libre. Arrivé là, il devait finir; pour parler comme le plus poète de nos philosophes, l'initié alors devait tuer l'initiateur. L'histoire de l'esclavage en Occident est toute entière dans celle du développement successif et incessant de l'association humaine et du travail.

Quoique l'esclavage fût né sous l'empire de l'esprit de famille, et pour mieux dire, pour cela même, il ne parvint à prendre une haute importance sociale, que lorsque, ce premier principe organisateur de la société ayant fait place à un principe plus étendu, les peuples de l'Occident furent arrivés à trouver, dans un système d'association plus fort et plus large, de nouveaux moyens de travailler avec plus d'énergie au double développement de leur éducation morale, et de l'empire que Dieu a destiné à toutes les races humaines sur le monde extérieur. Du XVe au Xe siècle avant notre ère, une foule de peuples venus de l'Orient tombèrent en armes sur l'Europe. Organisés déjà en grandes nations, ils apportaient avec eux les religions mystérieuses, les dogmes profonds, les institutions savantes des contrées qu'ils avaient quittées. Ils apportaient aussi l'esclavage aux races dont ils venaient envahir le territoire; sans que l'on soit cependant autorisé à penser que l'esclavage n'y fût pas déjà connu, l'absence de toute tradition à cet égard devant même faire supposer le contraire.

Il faut voir dans les derniers livres de Moïse et dans le livre de Josué, ce que c'était dans sa majesté terrible qu'une conquête il y a trois mille ans. L'extermination marchait partout d'abord autour du vainqueur; il tuait « depuis les hommes jusqu'aux « femmes, depuis les enfants jusqu'aux vieillards »; il passait au fil de l'épée les troupeaux mêmes du vaincu [1]. Mais le bras le plus fort se lassait enfin. On épargnait d'abord les enfants et les vierges, pour se les partager comme le reste du butin [2]; on épargnait ensuite, toujours pour se les partager, les blessés, les fuyards, ceux qui se prosternaient devant le vainqueur, ceux qu'il eût fallu se fatiguer à tuer de sang-froid, sans danger, sans profit; tout cela devenait esclave. Souvent c'était un peuple entier qui, plein d'effroi, se soumettait sans combattre à la servitude [3]; mais souvent aussi les deux races ennemies, combattant avec une égale obstination, ne se faisaient l'une à l'autre qu'un petit nombre de prisonniers, qui devenaient chacun la pro-

IV. [1] Josué, VI. 21. — [2] Deutéronome, II. 34, III. 8; Nombres, XXXI. — [3] Josué, IX. 27; Athénée, VI. 18.

priété individuelle de celui à qui ils tombaient en partage : de là les deux sortes de servitude dont il a été parlé dans ce discours, l'ilotie et l'esclavage proprement dit.

Mais la victoire ne demeura pas partout à la même race. Le premier effet des vicissitudes de la guerre fut de montrer esclaves en un lieu des hommes et des peuples dont la race était ailleurs libre, maîtresse, dominatrice, riche elle-même en esclaves issus du sang qui commandait en d'autres contrées. Il arriva aussi qu'après de terribles combats, des peuples long-temps ennemis durent traiter sur le pied de l'égalité ; quelques-uns même furent conduits à se fondre ensemble dans une unité que le temps ensuite rendit de jour en jour plus compacte, et ce fut à des peuples de races mêlées qu'échut enfin l'empire du monde. Après avoir appris aux nations à se connaître, la guerre leur apprit ainsi à s'estimer, à s'allier, à s'unir, et par suite à ne plus voir dans l'étranger un être nécessairement inférieur. N'était-ce pas leur apprendre aussi à voir enfin dans l'esclave un homme, un semblable, et préparer de loin son émancipation future?

Le mouvement intérieur de tous les états à esclaves ne tarda pas à s'associer à cette œuvre. Des deux sortes de servitude dont il a été parlé, l'ilotie fut, sans aucun doute, celle qui arriva la première à l'organisation la plus complète. Ce fut celle aussi qui se tint toujours le plus près des mœurs et des idées au sein desquelles l'esclavage avait pris naissance. Partout où elle s'établit, la race des vainqueurs et celle des vaincus demeurèrent durant des siècles plutôt juxta-posées qu'associées : séparées qu'elles étaient, non moins par le souvenir de leur lutte et par leurs haines héréditaires, que par la nature de la fonction sociale qui était exclusivement départie à chacune d'elles. Aux vainqueurs, dès le jour où la victoire leur était demeurée, avait été assignée la guerre, aux vaincus le travail ; et ce partage, moins inégal peut-être qu'il ne le paraît d'abord, s'était maintenu long-temps dans toute sa rigidité.

*La constitution de l'ilotie à Sparte peut donner l'idée de la plus haute perfection qu'ait jamais pu atteindre l'organisation de l'esclavage de race, si on veut bien ne juger de la perfection d'une institution quelconque que par l'harmonie de toutes ses parties avec ses principes fondamentaux. A Sparte, la classe libre et la classe esclave, issues de deux races distinctes, gardent toujours l'une et l'autre, avec le souvenir de leur origine, celui de la lutte qui les a faites ce qu'elles sont. Après des siècles, comme après un jour, l'une est toujours le vainqueur, l'autre le vaincu.

Avec sa liberté, la race vaincue a tout perdu, ses dieux, sa terre, son nom même; il ne lui est resté, de son existence première comme peuple, que

---

* Ce Discours, imprimé d'abord dans les publications de la Société archéologique de Montpellier, n'a reçu dans l'édition in-8° qu'un très-petit nombre de changements. Ce qui suit sur l'ilotie à Sparte est la seule addition de quelque importance qui ait été faite à la première publication.

quelques différences de langage, et dans les traits peut-être quelques-uns de ces caractères ineffaçables qui s'attachent à une race et lui font traverser les siècles, perdant ses mœurs, ses lois, sa langue, changeant même de climat, sans cesser un instant de constater son identité : voyez les Juifs. A ces signes extérieurs, la classe libre, afin que la différence des races soit encore plus marquée, ajoute, à Sparte, le soin de prescrire un costume particulier à la classe esclave. Entre les hommes libres et ceux qui ne le sont pas, l'abîme creusé jadis par la victoire est ainsi maintenu toujours aussi large, aussi profond qu'au premier jour. L'extrême difficulté, l'extrême rareté des affranchissements ; la séparation presque complète des deux races, dont l'une habite la ville, l'autre les champs (la domesticité étant comme inconnue à Sparte), achèvent de préserver contre l'action du temps l'œuvre de la conquête.

Comme la diversité de l'origine, la diversité des fonctions sépare à Sparte, d'une manière absolue, l'homme libre de l'ilote ; la femme libre elle-même y est exempte de toute espèce de travail. Hors des temps de la gestation, elle est pour ainsi dire un homme ; elle court, elle lutte comme un homme, elle oublie de son sexe jusqu'à la pudeur. L'homme, cependant, passe à la chasse et dans les fêtes le temps qu'il ne donne pas à la guerre, aux exercices militaires, à la discussion et au gouvernement des affaires publiques, à l'éducation des enfants libres.

Lycurgue a élevé à Sparte un temple aux ris; il a jugé que l'oisiveté même valait mieux pour ses citoyens que le travail quel qu'il fût. Faire œuvre de ses mains est pour le Spartiate une extrémité à laquelle rien ne peut le résoudre; c'est une bassesse, et tout a été prévu, ce semble, pour que rien ne l'y réduise jamais. Le luxe et la richesse sont bannis, toutes les portes leur sont fermées. Tout est réglé dans le vivre du citoyen, ses repas et ses vêtements, ses mœurs privées et ses mœurs publiques. Sa fortune immobilière est comme inaliénable, et par la nature de la monnaie qui seule a cours autour de lui, outre que la fortune mobilière lui serait à charge, il ne pourrait la posséder en secret.

Le travail est pour l'ilote; seul il cultive les champs, seul il s'adonne aux arts industriels. Quant aux arts qui pourraient ou relever l'ilote, ou ravaler l'homme libre, Sparte ne les connaît pas; Sparte n'a ni sculpteur ni peintre; Sparte n'a que des guerriers. Mais si pour eux elle sait ménager une exemption absolue de toute espèce de travail matériel, elle sait veiller aussi à ce que, du loisir qu'elle leur donne, rien ne soit perdu pour la culture des seules vertus qui ont donné l'empire à leur race, celles de la guerre. Une éducation mâle et sévère, une vie sobre et dure entretiennent, chez tous les descendants des envahisseurs, cette supériorité de forces physiques et morales qui, jadis dans la lutte, assura la suprématie à leurs pères. Une réserve de paroles, une austérité de mœurs ; dans la paix un calme intérieur ; dans la guerre une discipline, un courage que le monde admire, maintiennent à Sparte la race des vainqueurs toujours à la hauteur où la victoire l'a mise. Pour que la race des vaincus ne se relève pas de sa défaite, toutes les précautions que la prudence humaine et la plus prévoyante et la plus impitoyable peut suggérer, comme il a été dit, Sparte les a prises.

Il ne faudrait pas vouloir nier que la constitution de l'ilotisme à Sparte fût une partie nécessaire de son organisation sociale, une condition absolue des hautes vertus dont la cité de Lycurgue donna long-temps l'exemple. Pour être ce qu'il était, il fallait avant tout que le Spartiate fût un homme de loisir et à l'abri du besoin ; que sa vie pût s'écouler toute entière sous l'œil de ses concitoyens et de ses magistrats ; que la richesse, enfin, source de toutes les inégalités, lui fût impossible ; et cela seul suffisait pour que le travail, qui n'a de but que la richesse, lui fût interdit. Il fallait donc à Sparte des ilotes ; il lui en fallait des milliers ; et pour qu'ils fussent soumis, toutes les rigueurs qu'elle mit en usage lui devenaient nécessaires. C'était, au reste, un point universellement reconnu par les anciens, qu'à son mépris pour le travail, au grand nombre de ses esclaves, à sa dureté envers eux, à la rigoureuse discipline qu'elle était obligée d'entretenir en elle et autour d'elle, Sparte devait en grande partie les autres vertus que la Grèce admira long-temps en elle, et dont la postérité a plutôt exagéré qu'oublié la gloire.

Mais Sparte veut en vain qu'en elle et autour d'elle tout soit immuable ; au dedans, au dehors, des causes plus puissantes que sa volonté lui imposent enfin la nécessité de se transformer aussi, ou de périr. Si loin qu'il fût des jours où il était encore libre, l'ilote ne les oubliait pas ; c'était se souvenir qu'il pouvait l'être encore. Sparte même ne pouvait toujours s'empêcher de le reconnaître : tantôt, dans l'ivresse de la victoire, elle mêlait, avec orgueil, à ses ilotes Pélasges, des Messéniens Hellènes ; tantôt, pressée par des ennemis puissants, de ses esclaves elle faisait des soldats, des citoyens ; elle les donnait pour époux aux veuves de ses guerriers morts en combattant. Mais quand la postérité des vainqueurs se ravalait ainsi jusqu'à celle des vaincus ; quand le sang de la race asservie arrivait à se mêler à celui de la race de ses maîtres ; quand le fils du guerrier servait, quand celui du travailleur combattait, que devenait la vieille distinction des races, et comment le fils du vaincu aurait-il pu se croire à jamais déchu du droit d'être libre !

Comme le vaincu ne se résignait pas à son sort, le vainqueur, de son côté, n'acceptait pas toutes les conditions du sien. Le rôle de soldat, toujours debout, toujours en armes, que Lycurgue avait voulu imposer à tous ses citoyens, en fatiguait beaucoup. Les femmes, dont il avait tenté de faire des hommes, afin que son corps d'êtres libres fût de tous points homogène, et d'autant plus inaltérable par les influences extérieures, les femmes se servirent de l'extrême liberté qu'on leur laissait, de la participation aux affaires publiques, qui était comme attachée à la condition que le législateur avait voulu leur faire, pour se jeter dans des désordres de mœurs inconnus partout ailleurs dans la Grèce, pour troubler les affaires de l'Etat et fomenter la corruption de sa constitution. La richesse, que Lycurgue avait voulu proscrire, et que son développement au-dehors rendait de jour en jour nécessaire, même pour la conservation de l'indépendance nationale, se cachait seulement, et l'austère Sparte faisait dire d'elle que l'on voyait bien l'or entrer dans ses murs, mais qu'on ne l'en voyait pas sortir. L'avarice, l'hypocrisie, les corruptions secrètes, la pénétraient par tous les pores. Sa vieillesse fut honteuse, sa fin obscure et irrévocable. Tandis que la mobile Athènes dominait encore le monde par sa science et ses arts, tombée dans la torpeur, qu'elle avait prise pour une glorieuse immobilité, Sparte, asservie comme Athènes et sans plus de résistance, s'éteignait inconnue, entourée de ses ilotes, plus incapables qu'elle encore de dominer l'avenir, contents, pour la plupart, d'avoir senti s'alléger leurs vieilles chaînes, d'avoir vu finir la *cryptie*, l'usage des coups de fouet annuels, et ces hideux massacres secrets, dont la guerre du Péloponèse donna, sans doute, le dernier exemple.

A la fin de l'ère païenne, l'ilotie existait encore

chez presque tous les peuples barbares. Les Germains et les Scythes la conservèrent jusqu'au temps où ils envahirent tout l'Occident ; comme on le voit, pour les premiers, par leurs lois ; pour les seconds, par des faits historiques non douteux [4]. Dans la Grèce septentrionale, dans les Gaules, en Espagne, l'ilotie persista aussi jusque sous l'empire, à qui elle donna ses *colons*, les premiers serfs du moyen-âge. Mais, chez les peuples les plus civilisés du monde antique, l'ilotie avait à peu près fini avant notre ère, débordée de tous côtés par la servitude individuelle ou esclavage proprement dit.

Quelque distance que pût établir celui-ci du maître à l'esclave, il était impossible que leur association ne devînt pas un jour intime. Composée de captifs de toutes les races, amenés, l'un après l'autre, sur un sol également étranger pour tous, et privés de toute croyance, de tout souvenir, de tout lien commun, la classe esclave, dans les contrées où la servitude individuelle était seule établie, formait un corps trop hétérogène, pour être habituellement redoutable à la classe entière des maîtres, unis entre eux par tant de liens puissants. C'est pour cela que les habiles donnaient pour premier conseil, aux cités qu'ils prétendaient instruire, de n'avoir que des esclaves de différentes nations, et

---

[4] Voir, par exemple, dans Ammien Marcellin, l'histoire de la révolte de la nation Limigante contre ses anciens maîtres Sarmates. *Rer. Gest.*, XVII. 13 ; XIX. 11.

non d'une seule race [5]. C'est pour cela aussi que partout où l'ilotie était inconnue, le gouvernement des esclaves était entièrement abandonné par les lois à la seule volonté des maîtres. Entre les uns et les autres rien ne s'opposait donc à ce que l'habitude de la vie commune, l'intérêt qu'avaient les premiers de mériter de bons traitements, celui qu'avaient les seconds de conserver long-temps les hommes qui étaient leur chose et de se les rendre de plus en plus utiles, resserrassent chaque jour les liens de leur association.

Ce fut d'abord l'un des effets de toutes les luttes intestines qui, dans chacun des mille états de l'Occident, commencèrent à diviser et à agiter la classe libre, aussitôt après la fin des grandes guerres qui suivirent les invasions pélasgiques, étrusques, hellènes, kimriques. Le renversement du régime des castes, et l'affaiblissement des priviléges héréditaires, que partout les rangs inférieurs de la classe libre poursuivirent avec tant d'ardeur, n'eurent pas seulement pour résultat de préparer les voies à l'émancipation future de tous les opprimés. En refoulant, de jour en jour, le noble et le riche dans son intérieur, ils les rapprochèrent de leurs esclaves, et donnèrent à ceux-ci, dans la famille, une partie de l'importance que leurs maîtres perdaient dans la cité. Par la valeur réelle qu'il donna aux services de certains esclaves, par le haut prix auquel il en

---

[5] Voir ci-dessus, III. III. 5.

fit monter d'autres, par les nouveaux rapports d'intérêt et d'intelligence qu'il établit entre le maître et le serviteur, l'accroissement incessant des lumières, de la richesse, du luxe, cimenta ensuite l'œuvre des révolutions politiques. Celui-ci s'attacha à ses esclaves par bonté, par affection ; celui-là par besoin, par intérêt, par passion. Le vice même prit part à l'œuvre du rapprochement de plus en plus étroit du maître et de l'esclave. « Là », dit Cicéron, « où on se livre à des plaisirs ténébreux, à des vices « qui doivent demeurer inconnus, les esclaves, « fauteurs, complices, confidents de ces voluptés « honteuses, appelés nécessairement à y prendre « part, cessent d'être esclaves [6]. »

Tandis que dans les rangs élevés de la classe libre s'affermissait ainsi, de jour en jour, le lien moral qui unissait le maître à l'esclave, d'autres causes tendaient chaque jour à combler l'abime qui, dans l'ordre social, séparait, à l'origine, la classe esclave de la classe libre. Partout la concentration des richesses dans un petit nombre de mains, alors que la richesse devenait de plus en plus la condition nécessaire de l'importance politique, en poussant sans relâche les derniers rangs de la classe libre vers une situation précaire et misérable, semblait, à la fin de l'ère païenne, déjà près d'effacer la limite jadis si fortement tracée entre les deux classes. En Sicile, en Grèce, en Asie, on avait vu maintes fois les

---

[6] Cic. pro Cœlio, 23.

obérés aller se joindre, en foule, aux esclaves révoltés [7]. César remarquait que, dans les Gaules, les hommes de la caste inférieure étaient si accablés de tributs et de dettes, que leur condition différait peu de celle des esclaves. A Rome même, où la liberté avait tant de prix, du plébéien pauvre, qui ne vivait plus que des largesses des grands de l'état, et du serviteur affidé de l'un de ces grands, lequel était donc au-dessous de l'autre? L'amour aussi mêla tous les rangs; il unit l'esclave au riche par le plaisir, au pauvre par la communauté de leur misère, par le besoin, par l'abandon [8]. Ce fut bientôt à qui oublierait le plus l'antique distinction des classes. A la fin de l'ère païenne, l'esclave a tellement grandi dans la famille, chez les peuples Grecs et Latins, que c'est lui seul, enfin, qui est le héros de toutes les comédies destinées à la peinture des mœurs privées.

Le haut degré d'importance sociale qu'acquérait de jour en jour le travail ne pouvait aussi que relever dans l'état la classe qui, seule à peu près, travaillait et produisait. Depuis qu'un état ne pouvait plus être ni puissant ni libre sans être riche, comment la classe esclave, source unique de toute richesse, aurait-elle donc pu être comptée pour rien par le législateur et par l'homme d'état? L'esclavage, d'ailleurs, n'avait pas seulement établi entre

---

[7] Diod., *Eclog.*, 36; *supplem. Liv., passim.* — [8] *Multæ mulieres propter solitudinem et paupertatem ex servis conceperunt.....* etc. Dion Chrysost., *de Servitute*, II.

le maître et l'esclave une association morale, il avait aussi formé entre eux une véritable association industrielle. A voir les choses en grand, chaque état du monde antique pouvait être considéré comme un atelier de production, où la classe libre et la classe esclave avaient toutes deux leurs fonctions : l'une dirigeait, l'autre exécutait ; l'une était la tête, l'autre le bras, ou, comme disait Aristote, l'instrument. La formule la plus complète de ce mode d'organisation du travail était, pour les états aussi bien que pour les particuliers, dans cette maxime de Crassus, le plus habile des producteurs libres de l'antiquité : « qu'il fallait gouverner sa « fortune par ses esclaves, et ses esclaves par soi-« même [9]. »

Il est vrai qu'à la fin de l'ère païenne, cette organisation même était déjà fort troublée ; mais les révolutions qu'elle avait subies étaient loin d'avoir tourné au préjudice de la classe esclave. Le perfectionnement des moyens du travail, en rendant l'intelligence et la bonne volonté du travailleur de plus en plus nécessaires à la perfection de son œuvre, avait ouvert au développement des facultés intellectuelles et morales de l'esclave, et par suite à l'agrandissement de son importance dans l'état et dans la famille, une carrière tous les jours plus large. Aux qualités que Xénophon, Caton, Varron, Columelle[10], exigeaient de leur *épitrope* ou *villicus*, on aurait pu

---

[9] Plut., *Crassus*, 2. — [10] Xenoph., *Œcon.*, XII ; Cato, R. R., 5 et 142 ; Varro, R. R., 1. 2 ; Colum., *passim*.

leur demander, avec toute raison, s'ils connaissaient beaucoup d'hommes libres en qui ils les eussent trouvées. D'autant que le mépris que l'on ne cessait pas d'avoir, dans la classe libre, pour le travail matériel, et la répugnance que le plus pauvre de cette classe avait toujours à s'y livrer, même sous la loi de la nécessité, laissaient encore partout au travail servile, le seul qui fût véritablement organisé, une supériorité sur le travail libre, si incontestable qu'il lui était toujours préféré par les habiles, même comme moyen d'exploitation agricole [11]. Là, d'ailleurs, où l'homme libre travaillait aussi, entre l'ouvrier libre et l'ouvrier esclave, quelle était la raison plausible de la liberté de l'un et de la servitude de l'autre ?

L'infériorité morale du plus faible, qui, à l'origine des temps, avait justifié le classement hiérarchique des deux ordres dont se composaient tous les états du monde antique, tendait ainsi par tous les moyens, sinon à disparaître, du moins à devenir de plus en plus difficile à constater. Ce qu'avait dit Aristote en faveur du droit que prétendaient partout les vainqueurs, de faire de leurs captifs leurs esclaves, à savoir : « que la supériorité de force suppose toujours « une certaine supériorité de vertu [12] », vrai peut-être en tout temps, l'était surtout pour celui où le courage était sinon le seul, du moins le plus éclatant et le plus utile des mérites. Mais depuis que le temps

---

[11] Varro, *R. R.*, I. 17. — [12] Arist., *Pol.*, I. II. 17.

et la civilisation en avaient développé d'autres ; depuis que l'industrie, la science, l'art sous toutes les formes, avaient fait que certains hommes, nuls comme guerriers, se trouvaient cependant plus utiles à l'état que des guerriers ; depuis que le soldat favorisé par la fortune pouvait être réduit à s'avouer que son captif valait mieux que lui, l'antique supériorité réelle du vainqueur sur le vaincu, du maître sur l'esclave, avait été comme frappée au cœur. Incontestable encore si l'on ne voulait que comparer l'une à l'autre les deux classes entières, elle était, à ne voir que les individus, voilée par tant d'exceptions trop évidentes pour ne pas frapper tous les yeux, qu'il fallait, pour que la foule et les sages pussent toujours y croire, ou toute la force de l'habitude, ou une profonde connaissance des choses. Quand on avait vu, dans la Grèce, les Platéens vendus par ces mêmes cités qui leur avaient jadis cédé le prix du combat au jour de la glorieuse résistance de ce petit coin du monde contre l'Asie ; les Thébains vendus par Alexandre peu d'années après ces journées de Leuctres et de Mantinée, qui les avaient rendus les arbitres de la Grèce ; quand il était passé en proverbe que chacun pouvait être aujourd'hui maître, demain serf, et qu'il n'y avait pas de roi qui ne descendît d'un esclave, ni d'esclave qui ne descendît d'un roi [13], qui pouvait affirmer l'infériorité morale de toute race vaincue ? Quand on avait vu le divin Platon vendu

---

[13] Senec., *Epist.* 44.

sur le marché d'Égine au milieu des rires de la multitude ; Phédon livré par la fortune à la plus vile espèce des marchands d'esclaves ; quand le monde retentissait des exemples de constance, de dévouement, de vertu, de science, de courage même que des esclaves avaient donnés, qui pouvait, au milieu de ces sociétés éclairées enfin sur leurs vices, affirmer encore, sans mentir à sa conscience, que tout esclave était moralement inférieur à quiconque pouvait devenir son maître? Comme cela avait été, par exemple, à Sparte, au temps où les lois de Lycurgue y étaient en pleine vigueur ; au temps où l'austérité de ses rudes mœurs y était aussi pure parmi les maîtres, que l'abaissement moral des ilotes y était complet.

Venue la dernière sur cette scène du monde, dont elle était destinée à accomplir la transformation, Rome contribua plus que toute autre à développer en tout lieu les éléments de dissolution que renfermait l'esclavage. Pour elle, fille de toutes les races, le souvenir de la communauté d'origine ne pouvait seul servir de lien social. Pour elle aussi, à qui le chaume de l'asile, ouvert jadis par ses fondateurs à tous les esclaves [14] fugitifs de l'Italie, rappelait sans cesse d'où elle était issue, nulle race ne pouvait être trop humble pour qu'elle répugnât à se l'associer. Ecraser les forts, épargner les faibles, est sa

---

[14] Liv. I. 8; Ovid., *Fast.*, III. 7.

devise. Etrangère à l'industrie, à la science, aux arts, elle arrive, portée par la victoire, au milieu d'un monde où toutes ces choses ont déjà pris de force une large place dans la société. A toutes ces nobles cités, si fières de leur gloire passée et de leur civilisation présente, et qui la traitent elle-même de barbare, elle apporte la servitude, lourd niveau que sa main de fer fait tour à tour passer sur toutes les races. C'est avec cette verge qu'elle châtie surtout les superbes. Depuis le jour terrible où cent cinquante mille Epirotes ont été vendus à la fois par Paul Emile, et par leurs acheteurs expédiés au loin sur tous les points du monde, la remuante Epire a cessé pour jamais de s'agiter. Maintenant, tandis qu'on les vendra par milliers sur tous les marchés, diront-ils toujours, ces Grecs vaniteux, que le Grec n'est pas né pour servir, que le Barbare seul est fait pour être esclave? Et ces sophistes, ces rhéteurs, ces grammairiens que Rome voit arriver de toutes parts les fers aux mains, diront-ils toujours que Jupiter ôte la moitié de son intelligence à celui qu'il fait tomber dans la servitude?

Heureusement que la leçon que Rome donne au monde n'est pas perdue pour elle. Les arts, la science, l'industrie qu'elle ignore, son sens droit, son génie pratique ne tardent pas à lui en révéler les bienfaits. Cette foule d'hommes distingués que la fortune des armes jette dans ses chaînes, elle en fait ses chefs d'ateliers, ses médecins, ses artistes, les précepteurs de sa jeunesse, les secrétaires, les confidents, les amis de ses grands. Nulle part ailleurs l'intimité du maître et de ses principaux esclaves n'est aussi étroite. Crassus surveille lui-même l'éducation de ses esclaves; Atticus n'en veut pas avoir qui ne soient nés dans sa maison [15]; Cicéron pleure son lecteur; César brave la colère du peuple pour sauver ses gladiateurs. A la fin de la république, le serviteur sinon l'esclave est vraiment de la famille de son maître. L'attachement du premier pour le second y est devenu chose si commune, qu'au temps des proscriptions il se rencontre plus de dévouement parmi les esclaves que parmi les enfants [16].

La vie politique elle-même s'ouvre devant l'esclave. Le dévouement à la personne, la seule vertu qui fut, pour ainsi dire, permise à l'esclave, et que nul devoir ne gênait en lui, lui en ouvrit les voies. A l'exemple des rois Grecs, les grands de Rome, à la fin de la république, Caton aussi bien que César, Auguste aussi bien qu'Antoine, n'avaient pour principaux agents politiques que des esclaves, ou des affranchis marqués encore du sceau de la servitude. Mais, ce qu'on ne voyait qu'à Rome, c'était ces bandes de gladiateurs dont la terrible épée assurait si souvent à leur maître l'empire du forum. Vers la fin de la république la classe esclave a pris, enfin, tant d'importance dans Rome, qu'un jour au milieu du sénat, un consul, le plus grand

---

[15] Corn. Nep., *Atticus*. — [16] Velléius, II. 67. Voir la note à la fin du Discours.

orateur, le plus grand philosophe de son temps, celui qu'on nommera bientôt le père de la patrie, en appelle, contre le patricien Catilina, à tous ceux de l'ordre servile qui ont une condition tolérable [17].

Il n'est pas jusqu'aux triomphes de la gloire dont Rome ne livre l'accès à ses esclaves. Il y avait autrefois deux sources d'illustration ouvertes seulement pour l'homme libre : la guerre et la tribune. Mais, voici que partout la tribune est muette et que la guerre ne se fait plus qu'au profit d'un homme; voici que l'historien et le poëte n'écrivent et ne chantent plus que pour les palais; il n'y a plus d'applaudissements populaires que pour ces gladiateurs, dont Cicéron lui-même propose le courage en exemple à ses concitoyens [18]. Entre l'ilote ivre, que Lycurgue montrait aux enfants de sa république pour leur faire aimer la sobriété, et le gladiateur, que César a fait instruire dans son palais par de jeunes patriciens, qui, couvert de blessures, envoie demander à son maître s'il est content, qui persiste à combattre, sûr de mourir, plutôt que de s'avouer vaincu, que le peuple applaudit, que le philosophe admire, dont des chevaliers et des sénateurs envient la gloire, il y a toute la distance que près de huit siècles ont mise entre l'esclavage des premiers temps et celui des derniers.

Nulle cité, avant Rome, n'a compris d'une ma-

---

[17] *Servus est nemo, qui modò tolerabili conditione sit servitutis....., qui non hæc stare cupiat........* Cic. *in Catil.*, IV. 8. — [18] Cic., *Tuscul.*, II. 17.

nière aussi large qu'elle le principe de l'association civile. L'Italie et le monde, avant que la conquête en soit finie, sont déjà tout couverts de citoyens romains; les Gaulois que César tout-à-l'heure a vaincus, il les installe dans le sénat. L'affranchissement, cette vieille source d'émancipation, jadis si avare de ses bienfaits, jaillit, à Rome, en flots si abondants et si riches que les penseurs s'en effraient enfin. On a peur de manquer bientôt d'esclaves, et, comme pour en préparer le temps, le peuple quitte la toge [19], le seul insigne qui le distingue encore de la population servile.

Sous l'empire des faits qui tous les jours proclament et réalisent l'égalité des nations, effacent dans chaque état les distinctions sociales, et dans la famille rapprochent sans cesse l'esclave du maître, toutes les vieilles idées qui s'harmonisaient jadis avec l'esclavage s'affaissent. Depuis que les nations broyées ou mêlées par la guerre ont adopté, emprunté, conquis les dieux l'une de l'autre, en quelque lieu que la fortune le jette, l'esclave retrouve toujours ses dieux. S'il n'est pas admis à sacrifier avec son maître, il peut du moins prier avec lui. Bientôt il y a des dieux qui se chargent de le protéger : Saturne, vaincu comme lui; Hercule, défenseur de tous les opprimés; Diane d'Aricie, qui pour prêtre ne veut qu'un fugitif; les génies des carrefours, que l'offrande de l'esclave réjouit plus que

---

[19] Sueton., *Octav.*

celle de l'homme libre [20]; Feronia, les Palicures, les Lares. Enfin, le grand principe de l'unité de Dieu, voilé plutôt qu'effacé par le polythéisme, se fait jour au milieu des nations, et avec lui celui de l'égalité des hommes sortis tous de ses mains. « Il « n'y a qu'une seule race de dieux, il n'y a qu'une « seule race de mortels, » s'écrie Pindare [21]. Socrate achète au prix de sa vie le droit de faire proclamer par ses disciples l'existence d'un Dieu éternel, infini, un, auteur juste et bon de toutes choses, « commencement, milieu et fin de tous les êtres [22]. » S'élevant d'un seul bond aux plus sublimes vérités de la morale, il enseigne à ses disciples à faire du bien à ceux qui leur font du mal [23]. Platon écrit ses immortelles pages sur l'égalité essentielle des hommes. Aristote creuse en vain les profondeurs de l'intelligence humaine; nulle part, dans cette œuvre patiente, il ne peut retrouver les signes de cette *nature esclave* qu'il a osé affirmer. Tout absorbé qu'il est par l'empire des faits dans sa justification de l'esclavage, il est aisé de voir, au grand nombre de ses arguments, à leur répétition, à leur désordre, que sa démonstration même l'embarrasse. A vrai dire elle va plutôt contre l'esclavage, tel qu'il était de son temps, qu'à son secours; car, en ne déclarant justement esclaves que ceux que la nature a faits absolument incapables de commander, il subor-

---

[20] Pausanias, II. 27; Sueton., *Calig.*, 23; Diod., *Eclog.*; Cato, *R. R.*, 83 et 143, *et aliàs*. — [21] Pind., *Ném.*, VI. 1. — [22] Plat., *les lois*, IV. — [23] Plat., *Criton*.

donne, pour chaque esclave, la question de la légitimité de sa servitude à celle de son infériorité morale relativement à son maître, ce qui, mis en pratique, bouleverserait le monde.

Placé deux fois en présence de cette question, Platon, qui n'avait pas pu ne pas la voir, l'avait tournée, se bornant à déclarer que l'esclavage était une nécessité. A la vue de l'impossibilité de l'abolition de l'esclavage, le sage s'était arrêté, mais d'autres plus hardis avaient passé outre. Aristote nous apprend lui-même que sa longue justification de l'esclavage n'est que la réfutation de l'opinion émise par des hommes dont il semble parler avec estime, et qui, dit-il, soutenaient avec force « que « la nature n'ayant mis aucune différence entre le « maître et l'esclave, et l'esclavage n'étant véritablement fondé que sur la violence, laquelle ne « pouvait engendrer le droit, l'autorité des maîtres « était contre nature [24]. » Ne croirait-on pas entendre Montesquieu ?

Nous savons peu de chose de ce débat élevé plusieurs siècles avant notre ère entre les philosophes Grecs; mais nous ne pouvons douter qu'il n'ait tourné enfin contre l'autorité d'Aristote. Chrysippe affectait d'appeler les esclaves des mercenaires perpétuels; Epicure leur donnait le nom d'humbles amis [25]. C'était une des thèses le plus en faveur dans

---

[24] Arist., *Pol.*, I. II. 3. — [25] Senec., *de Benef.*, III; *Epist.*, 107.

les écoles stoïciennes, qu'il n'y avait de véritable esclavage que celui de l'homme livré à de mauvaises passions [26]. Héritiers de la philosophie grecque, les quelques philosophes que Rome vit naître avant l'empire, affranchis aussi bien des préjugés de la race que des étroites passions de la cité, et libres de tout dire, allèrent plus loin que leurs devanciers. Albutius soutint contre Aristote que personne n'était esclave par nature [27]; Cicéron, porté sur les ailes du génie de Rome, s'éleva jusqu'à la connaissance de l'unité du genre humain, du perfectionnement incessant qui s'opère en lui, et enfin de l'obligation morale imposée à tout homme d'y contribuer. « Nos devoirs », disait-il, « peuvent se résumer en « celui de travailler sans cesse à conserver, à défen- « dre, à fortifier l'union et l'association du genre « humain.....[28]; et puisque notre passion la plus « vive doit être d'accroître son héritage, puisque « nos pensées et nos efforts n'aspirent qu'à rendre « la vie des hommes plus sûre et plus douce, puis- « que nous nous sentons excités à cette heureuse « tâche par le cri même de la nature, suivons dans « ce but la route qui fut toujours celle des meilleurs « des hommes, et n'écoutons point le signal de re- « traite, qui semble retentir comme pour rappeler « ceux même qui sont le plus avancés dans la car- « rière [29]. » Paroles sublimes, que notre siècle

---

[26] Dion Chrys., *de Serv.*, 1; Cic., *Paradox.*, v. — [27] Senec., *Controv.*, III. 27. — [28] Cic., *de Offic.*, I. 41. — [29] Cic., *de Republ.*, I. 2.

vient de retrouver, et dont seul peut-être il pouvait comprendre toute la portée. Mais dans cette association du genre humain, dont il était du devoir de tous de fortifier le lien et d'accroître l'héritage, quelle place pouvait être faite à l'esclave, exclu de l'association, privé de tout héritage?

Quand on contemple ainsi rassemblés tous les symptômes de dissolution que présentait déjà l'esclavage à la fin de l'ère païenne, on se sent étonné, découragé de se trouver encore si loin du jour où il doit tomber. Qui peut donc arrêter la pensée humaine? Sur ce vieux monde en ruines, pourquoi debout cet édifice tant ébranlé? Tous les principes de l'esclavage sont finis, les faits et les idées se pressent autour de lui pour l'étouffer, les mœurs le foulent aux pieds, les philosophes lui dénient le droit de vivre; il est debout pourtant, debout pour des siècles encore. C'est que personne encore n'a pris son œuvre à faire, et que son œuvre ne peut pas même être interrompue. L'humanité n'a pas seulement resserré le lien qui unit en elle tous ses enfants; celui qui unit l'homme à la terre est aussi devenu de jour en jour et plus étroit et plus puissant. Plus que jamais il faut, pour être ce qu'il est, que l'homme travaille. Or, à la fin de l'ère païenne, le travail repose encore tout entier sur l'esclavage.

Le crédit, le salaire, le travail libre sont à peine sortis des langes de leur longue enfance. Plusieurs fois il a semblé que le travail libre allait enfin s'organiser puissant et fort ; toujours il est retombé faible et méprisé. A la fin des grandes migrations qui ont donné à l'Occident des maîtres nouveaux, quand les mille états auxquels elles avaient donné l'être se sont définitivement assis et organisés, quelques-uns ont essayé du travail pour vivre et grandir. Hésiode a été le chantre de ce mouvement intérieur des peuples de l'Occident; Solon, qui ne voulait pas d'oisifs dans sa cité ; Numa qui, dans la sienne, sanctifiait par la religion l'établissement des corporations industrielles, en ont été les législateurs. Corinthe, Rhodes, Carthage, Marseille se sont presque faites villes de travail ; Rome a mis en honneur l'agriculture ; mais la guerre partout a étouffé ces germes précoces. Le besoin d'unité qui agite l'Occident, en poussant chaque état à envahir ou à dominer l'état voisin, a rappelé au combat tout ce qu'il y avait d'hommes libres; chaque cité est demeurée ainsi divisée en deux ordres : les guerriers d'un côté, les travailleurs de l'autre, ceux-ci libres, ceux-là esclaves ; tous deux ayant leur fonction, leurs charges, leurs douleurs. Il n'y a que les derniers rangs des deux armées qui se mêlent, et là où le travail absorbe trop de forces, l'indépendance ne tarde pas à périr. Carthage, la ville du travail par excellence, tombe faute de guerriers. Partout ailleurs l'antique haine du travail persiste. Plutôt que de végéter, ouvriers mercenaires, dans leurs cités appauvries, les Grecs courent en foule se vendre comme soldats mercenaires au grand roi, et puis chercher fortune dans les camps ou à la cour des princes Macédoniens devenus maîtres de l'Asie. Rome, pour achever l'œuvre de ses conquêtes et celle de l'unité de l'Occident, arrache à l'Italie ses derniers agriculteurs libres. « Nous avons besoin de soldats », dit au sénat Ménénius, le plus sage des sénateurs, « et non de laboureurs, d'artisans, de mercenaires [30]. » Les vaincus travailleront; et, en effet, partout où l'aigle étend son empire, on voit arriver à la suite des légions des spéculateurs Romains, traînant après eux des milliers de prisonniers, qu'à l'autre bout du monde d'autres armées ont faits esclaves, et dont les bras vont féconder le sol conquis par leurs maîtres; guerriers ou citoyens turbulents dans leurs pays, ouvriers dociles sur le sol étranger [31].

Au milieu du grand œuvre, les Gracques tentent de l'arrêter. Emus de pitié pour cette vieille race des agriculteurs libres de l'Italie, qui vont semant leurs os sur tous les points du monde, ils essaient d'arrêter le torrent qui les entraîne, et tout leur est donné pour arriver à leur but : par la fortune, la naissance et le talent; par le peuple qui les aime;

---

[30] Dionys. Hal., VI. — [31] M. Reitemeier a très-bien fait voir que l'esclavage seul avait rendu possible l'établissement de cette multitude de colonies, dont les peuples Grecs, et Rome après eux, couvrirent l'Occident, et qui contribuèrent si puissamment à le civiliser. Tandis que l'esclave travaillait, le colon gardait et défendait la cité nouvelle contre la jalousie et la cupidité des barbares qui l'entouraient.

un pouvoir jusque-là sans égal. Aucun homme digne de leur être comparé ne leur est opposé. Ils tombent cependant. Quand le peuple, pour qui ils croyaient travailler, vit que le succès de leurs efforts n'aurait pour résultat que de faire de chaque Romain ou un ouvrier des routes, ou un propriétaire d'un petit champ qu'il cultiverait de ses mains, le peuple qui aimait mieux combattre que travailler les abandonna à leurs ennemis; le génie de Rome l'emporta sur eux. Mais enfin ils moururent bien, pour leur foi, pour leur œuvre, purs, saints, sans reproche, martyrs de la vertu qui, pour l'homme politique, renferme toutes les autres, le dévouement à ses convictions; et voilà pourquoi, malgré leur insuccès, leur nom est demeuré grand parmi les hommes.

Après eux, le sang romain, qu'ils avaient cru épuisé, se trouva assez riche encore, non-seulement pour dompter le monde, mais pour suffire aux guerres et aux proscriptions de Marius et de Sylla, de César et de Pompée, des Pompéiens et des Triumvirs, d'Antoine et d'Octave. Le travail cependant ne s'arrêta pas; l'Espagne, la Gaule furent comme défrichées par leurs nouveaux maîtres; l'agriculture et l'industrie grandirent; d'immenses travaux furent partout entrepris [32]. La vieille organisation du travail suffit à tout; et parce qu'elle suffisait à tout, nulle autre ne put s'établir. Le

---

[32] Varro, *R. R.*, *pass.*; Héron de Villefosse, *l. c.*, etc.

travail demeura servile. La vie civile et la guerre ne cessèrent pas d'absorber toutes les forces libres. A peine hors de la place publique et du camp en restait-il assez pour les besoins des arts, de la science, de la haute direction industrielle. Durant les derniers siècles de l'ère païenne, la guerre fut partout, et tandis que sa mission providentielle était d'arriver enfin à établir la grande unité de l'Occident, long-temps elle sembla ne faire que le mettre au pillage. Mais en face d'une si belle proie, qui donc, s'il n'avait pas été forcé au travail et tenu sous le joug par une main de fer, n'eût pas mieux aimé piller aussi que travailler?

Dans tout ce que purent dire les philosophes de contraire aux principes de l'esclavage, on ne voit pas qu'ils aient jamais pensé à le remplacer par une nouvelle organisation du travail. C'était sur ce terrain qu'aimaient, au contraire, à se placer tous ceux qui, sans s'occuper des hautes questions de morale et de droit que soulevaient les sophistes, plaidaient devant la foule la cause de l'hérilité. Le terrible rieur d'Athènes pouvait bien, dans un accès de gaîté folle ou sublime, se moquer en passant de cette institution en vertu de laquelle « le corps d'un homme « appartient à celui qui l'achète, et non à celui à « qui la nature l'a donné [33] ; » mais les rieurs vulgaires prenaient la question de plus bas. Dans les Amphictyons de Téléclide, un personnage décrivait,

---

[33] Suidas, vº Δαιμων.

en ces termes, la vie des hommes de ces âges heureux pendant lesquels il n'y avait pas d'esclaves : « d'abord, la paix régnait partout, et était aussi « commune que l'eau dont on se lave les mains; « la terre ne produisait rien de dangereux..... et « tout ce dont on avait besoin croissait de soi-même. « Il ne coulait que du vin dans les torrents...... les « poissons venaient dans chaque demeure pour se « rôtir eux-mêmes, et se présentaient ensuite sur « les tables..... les grives, accompagnées de petits « pâtés, volaient toutes entières dans le gosier.....» Dans les Brutes de Cratès, un faiseur de projets annonçait que, dans la cité qu'il voulait fonder, « personne ne posséderait d'esclaves. Mais, lui « disait-on, les vieillards seront donc réduits à se « servir eux-mêmes ? Point du tout, répondait-il ; « je ferai marcher le service sans qu'on y touche. « On n'aura qu'à dire : table, dresse-toi; huche, « pétris ; gobelet, remplis-toi ; coupe, rince-toi « bien ; gâteau, viens sur la table ; marmite, retire « ces animaux de ton ventre ; poisson, arrive ; « mais, dira-t-il, je ne suis rôti que d'un côté ! Eh « bien ! retourne-toi, saupoudre-toi de sel et frotte- « toi de graisse..... Au bain, le pot de parfums « viendra, sans qu'on l'apporte ; l'éponge et les « sandales se présenteront de même [34].» Qui dira les gros rires que faisaient à ces bouffonneries, non pas seulement les riches, accoutumés dès l'enfance

---

[34] Athénée, VI.

à voir tous leurs besoins, tous leurs désirs, tous leurs caprices servis et complus par des esclaves, mais les pauvres, à qui l'utilité d'un esclave se faisait sentir si vivement tous les jours, mais les affranchis si joyeux et si fiers d'être devenus maîtres, mais les esclaves eux-mêmes tant dévorés du désir de le devenir !

Au fond, Téléclide et Cratès avaient raison. Tant que le travail libre n'était pas organisé, le travail forcé ne pouvait pas cesser d'être : sous peine, pour l'Occident, de retomber dans l'état sauvage ; et voilà pourquoi tous les grands génies, au risque de se mettre en contradiction avec eux-mêmes, Platon, Aristote, Cicéron, n'hésitaient pas à proclamer la nécessité pratique de l'esclavage. Hors des écoles et transportée dans le monde des réalités, la question de l'esclavage n'en était plus une. Dans le premier moment de consternation et de trouble, où la nouvelle de la défaite de Chéronée jeta la ville d'Athènes, l'orateur Hypéride proposa, comme derniers moyens de salut contre Philippe, que l'on croyait déjà près des portes, de donner le droit de cité à tous les métèques et d'affranchir tous les esclaves. Philippe, au bruit de cette proposition, dont l'adoption pouvait ébranler la Grèce entière, s'arrêta frappé d'épouvante. Mais Athènes elle-même n'en avait pas été moins troublée que lui. Menacé d'accusation pour avoir osé la faire, Hypéride s'excusa en disant que sa proposition était plutôt l'œuvre du désastre de Chéronée que la sienne, et ce fut comme faite en un moment de délire qu'elle lui fut pardonnée [35].

Si avancée que paraisse avoir jamais été la question théorique, quand on en juge par quelques mots épars dans les écrits des anciens, il n'en faut pas moins reconnaître que les idées contraires à l'esclavage étaient encore bien loin d'avoir acquis, dans le monde, une véritable puissance. L'idée d'un Dieu unique, celle de l'égalité des races, des peuples, des hommes, étaient à peine connues, dans quelques coins du monde, par un petit nombre d'hommes, dont la foule riait quand elle ne les condamnait pas à boire la ciguë. Et chez ces hommes mêmes, le moindre choc troublait ces idées. Platon niait dans le Philèbe ce qu'il enseignait dans le Criton. Cicéron, malgré son élan sublime vers l'amour du genre humain, s'étonnait que des Gaulois osassent venir demander justice à Rome contre un Romain [36]. Pour être en contradiction avec les idées nouvelles de quelques esprits élevés, les vieilles haines et les vieux mépris de peuple à peuple n'en étaient pas moins encore pleins de vie. Au-delà du monde civilisé il y avait, d'ailleurs, toujours des Barbares, bons tout au plus pour être esclaves. Le travail était toujours méprisé ; la caste servile, prise en masse, toujours abjecte, enlaidie, réellement inférieure. Quelques grands coups que Rome eût frappés, du vieux monde qu'elle était destinée à

[36] Cic., *pro Fonteio*. — [35] Plut., *Hyperides*, 6.

transformer, rien encore n'avait péri au moment où finit la république. L'unité de l'Occident sous son joug n'était encore qu'un mot. Pour réorganiser ce monde en ruines, pour renouveler son sang vieilli, pour lui donner une loi nouvelle, et d'une nouvelle association humaine faire sortir une nouvelle organisation du travail, toutes deux plus grandes et plus fortes que celles qui les avaient précédées, il fallait encore l'Empire, les Barbares, le Christianisme et dix siècles.

(219)

Renvoi de la note 17 de l'article III du chapitre II.

Voici le texte grec du passage de Xénophon que j'ai cité :

Περαινομένων γε ὦν λέγω, τοῦτ᾽ ἂν μόνον καινὸν γένοιτ᾽, εἰ ὥσπερ οἱ ἰδιῶται κτησάμενοι ἀνδράποδα, πρόσοδον ἀένναον κατεσκευασμένοι εἰσίν, οὕτω καὶ ἡ πόλις κτῶτο δημόσια ἀνδράποδα, ἕως γίγνοιτο τρία ἑκάστῳ Ἀθηναίων.

Le sens exact de ce passage est certainement bien celui-ci : « Si l'on exécute mon plan, il arrivera que, de même « que des particuliers, en achetant des esclaves, s'assurent « un revenu perpétuel, la cité aussi achètera *des esclaves* « *publics*, jusqu'à ce qu'il y EN ait (des esclaves publics, « δημόσια ἀνδράποδα, mots qu'il est impossible de séparer) « trois pour chaque Athénien » ; c'est-à-dire, trois fois autant que d'Athéniens. Le même passage a été traduit en ces termes par M. Letronne [1] : « Si l'on exécute le plan « que je propose....... à l'exemple des particuliers qui, en « achetant des esclaves, se procurent un revenu perpétuel, « l'état *en achètera aussi pour son compte* jusqu'à ce qu'il y « en ait trois contre un Athénien. »

Cette traduction est exacte, mais elle prête à une amphibologie à laquelle le texte ne prête pas ; car elle permet de dire que Xénophon veut que pour le compte de l'état, on achète des esclaves, jusqu'à ce qu'il y *en* ait (des esclaves publics ou autres) trois contre un Athénien ; tandis que le texte dit positivement qu'il faudra acheter des esclaves *publics* jusqu'à ce qu'il y ait trois esclaves *publics* contre un Athénien. Il est vrai qu'ensuite Xénophon, après avoir indiqué, d'abord combien l'état retirera des six mille premiers esclaves qu'il achètera, puis combien quand il en aura dix mille, arrête là ses calculs. Mais loin que Xénophon entende que ce nombre de dix mille esclaves complète l'achat qu'il conseille de faire pour le compte de la république, il ajoute aussitôt : Ὅταν δέ γε μύρια ἀναπληρωθῇ, ἑκατὸν τάλαντα ἡ πρόσοδος ἔσται. Ὅτι δὲ δέξεται πολλαπλάσια τούτων, μαρτυρήσαιεν ἄν μοι εἴτινες ἔτι εἰσί, τε μεμνημένων, ὅσον ὁ τέλος εὕρισκε τῶν ἀνδραπόδων πρὸ τῶν ἐν Δεκελείᾳ.

Ce que Leunclavius traduit ainsi : « *Cùm numerus ad* « *decem millia excreverit,* jàm *centum talentorum proventus*

---

[1] Acad. des inscript. nouv. sér., tom. VI, pag. 192 et suiv.

« *existet.* Verum longè plus accepturam rempublicam, *testes*
« *mihi esse possunt, si qui sunt adhùc qui meminere, quantum*
« *vectigal ex mancipiis civitas, antè captam ab hoste Dece-*
« *leam, perceperit.* »

Je vois par une note de l'*Inquiry* de M. Blair, que le traducteur anglais de l'*Economie politique des Athéniens* et l'auteur des *Fasti Hellenici* ont déjà fait, sur la traduction donnée par M. Letronne, du premier passage de Xénophon que j'ai cité, des observations analogues à celles que l'on vient de lire.

Au reste, quand ce texte et celui d'Athénée, à l'égard duquel M. Letronne déploie, on peut le dire, une rigueur excessive, n'existeraient pas, de l'état et des besoins du travail en Attique, de la richesse d'Athènes, de la comparaison du passé au présent, enfin de toutes les autres considérations générales que j'ai fait valoir, il me semblerait toujours impossible de ne pas conclure, qu'auprès de cette population libre de 110 à 130,000 individus qu'avait l'Attique, il devait se trouver une population servile au moins trois fois plus nombreuse. Je ferai même observer que la facilité que l'on trouvait à louer des esclaves à Athènes, et que M. Letronne considère comme une circonstance qui doit faire penser que la population servile était beaucoup moins nombreuse que ne le dit Athénée, me paraît devoir servir à démontrer le contraire. Si l'on ne trouvait à Paris ni chevaux ni voitures à louer, le nombre des chevaux et des voitures y serait-il aussi considérable qu'il l'est aujourd'hui? Quant à ce que dit M. Letronne sur la quantité de blé que l'on consommait en Attique, je renvoie à ce qu'a dit M. Boeck sur le même sujet. Entre ces deux savants, ma parole serait sans valeur; et il a fallu que la discussion sur le texte de Xénophon se bornât à la question du plus ou moins d'exactitude de la traduction de deux mots, pour que j'osasse l'entreprendre contre l'illustre auteur de tant de travaux qui honorent à la fois la France et la science moderne.

Renvoi de la note 4 de l'article II du chapitre IV.

Malgré l'allusion que j'ai faite à la vieille étymologie qui fait du substantif *servus* une simple contraction du participe *servatus*, je suis prêt à la rejeter avec Saumaise, sans toutefois la déclarer comme lui *extravagante;* ne fût-ce que par respect pour Ulpien, Donat, Isidore et Saint-Augustin qui l'ont adoptée. Je crois qu'entre les mots *servus, servare, servire*, il y a plutôt rapport de fraternité que rapport de filiation. Je dirai la même chose des mots germains *lit* ou *lass* ou *leute*, et le verbe *lassen*, d'où M. Thierry fait dériver les autres. Je ne garantirais pas non plus, malgré l'autorité de Suidas, que le *doulos* des Grecs ne soit qu'une transformation du mot *dué*, malheur, douleur, bien qu'en hébreu le nom de l'esclave, *ebed*, renferme le même sens; encore moins qu'il dérive du verbe *deo*, lier, attacher, comme d'autres l'ont soutenu. Les idées qui ont suggéré ces étymologies ne m'en paraissent pas moins parfaitement justes et vraies, et il n'est pas un mot ayant servi chez une nation quelconque à exprimer l'idée que nous attachons au mot *esclave*, qui ne puisse fournir matière à quelque observation intéressante. En grec et en latin, les mots dont le haut langage oratoire et philosophique aimait surtout à se servir, *andrapodon*, *mancipium*, *servitium*, étaient du genre neutre, du genre des choses. Un oisif demandait à Diogène pourquoi on appelait un esclave *pied d'homme* (*andros, pous*); parce qu'il a des pieds comme un homme et une tête comme la tienne, répondit le cynique. Le mot *mancipium* (la chose prise avec la main) servait aussi à Rome à désigner le genre de propriété le plus parfait, parce que l'esclave était la propriété par excellence. Les mots *anthropos*, *homo*, homme, s'entendaient aussi souvent de l'esclave, parce que dans le système d'organisation des cités antiques, être homme n'était rien si l'on n'était aussi citoyen. Le mot *esclave*, enfin, a une valeur historique digne d'être rappelée. Dans le courant du IXe siècle, l'Europe fut couverte d'une multitude de prisonniers Slaves ou Sclavons, vendus après les grands désastres qu'essuyèrent alors les peuples de cette race, qui voulaient suivre vers l'Occident la route que leur avaient tracée les Germains. Quoique la servitude fût à cette époque établie dans toutes les contrées de l'Europe, ces nouveaux venus se trouvant par leurs mœurs, par leur langue, par leur origine, séparés de tous ceux au milieu desquels leur captivité les jetait, formèrent partout parmi eux un ordre à part, que le nom de leur race servit partout à nommer, et après eux tous ceux qui eurent le même sort, quelle que fût leur origine. Les représentants et descendants des anciens vaincus devinrent les *serfs*; les vaincus de tout-à-l'heure furent *esclaves*: *sclav* en allemand, *slave* en anglo-saxon, *esclot* en roman du nord, *esclau* en roman du midi, *schiavo* en italien, *esclavo* en castillan; de *slava*, la victoire!

Renvoi de la note 16 de l'article IV du chapitre IV.

Sénèque [1] et Plutarque [2] ont dit, en passant, que la condition des esclaves de Rome avait été toujours en empirant, et leurs paroles, après eux, n'ont pas manqué d'échos. Il aurait cependant suffi d'examiner les faits qu'ils allèguent à ce sujet, pour voir qu'ils ont été, dans cette circonstance comme dans tant d'autres, entraînés par cette admiration systématique qu'ils professaient pour le passé, mécontents qu'ils étaient des choses de leur temps, et n'espérant rien de l'avenir. Si les anciens Romains se servaient du mot *familia* pour désigner l'ensemble des esclaves d'un même maître, ce n'est pas le moins du monde parce qu'ils éprouvaient pour leurs esclaves des sentiments semblables à ceux qu'excitent en nous les affections de la famille. Le mot latin *familia* dérivait, selon Festus, du mot osque *famul*, qui signifiait simplement esclave, d'où *famulus*; et c'est parce que la femme et les enfants furent d'abord à Rome, comme l'esclave même, la propriété de l'époux et du père, que le père et l'époux furent, comme le maître, désignés par le nom de *pater-familias*, qui, dans la vieille langue latine, ne rappelait aucune de ces idées de tendresse et de bonté que réveille aujourd'hui parmi nous le nom de père de famille.

Quant à ce que dit Plutarque, qu'au temps de Coriolan la condition des esclaves Romains était si douce, que la plus grande punition dont on fît usage envers eux était de les faire promener dans le voisinage, portant une fourche sur le cou, cela est tout simplement absurde. Et pourquoi donc ces plébéiens, adjugés à leurs créanciers, se plaignaient-ils si vivement des labeurs excessifs, des outrages, des privations, des tourments que leurs maîtres leur faisaient endurer, *comme à des esclaves ?* Pourquoi toutes ces révolutions dont le premier moteur était toujours quelque esclave pour dettes échappé de l'ergastule, le corps amaigri par la faim, déchiré par le fouet, ou que son maître avait voulu rendre victime de ses infâmes passions [3] ?

On cite aussi souvent, en opposition à l'extrême dureté de beaucoup de maîtres des temps de l'empire à l'égard de leurs esclaves, ce que dit Plutarque de la conduite de Caton-le-Censeur envers les siens. Mais ce ne sont pas les mauvais maîtres des derniers siècles qu'il faut comparer à Caton, qui, de son temps, était cité comme un modèle de modération et de douceur [4]. Croit-on qu'Atticus, Cicé-

---
[1] *Epist.* 47. — [2] *Coriolan*, 23. — [3] Dionys., *Ant. Rom.*, IV et VI; Liv. *pass.* — [4] Plut., *Cat.* 4.

ron, César fussent moins doux envers leurs esclaves que ne l'avait été Caton-l'Ancien? Ce que dit Plutarque de Caton, et qu'on a tant fait valoir comme preuve de la douceur des maîtres de son temps, n'est pas d'ailleurs fort concluant. Que Caton ait parfois travaillé avec ses esclaves et bu du même vin qu'eux; que sa femme ait donné de son lait à l'enfant de l'une de ses servantes, cela prouve seulement, de la part de Caton et des siens, une simplicité de mœurs intérieures, qu'on a plus d'une fois soupçonnée d'affectation. Mais quand on voit ce même Caton fouetter de sa main après dîner les esclaves qui « avaient failly à apporter à table quelque chose que ce fût », acheter des enfants pour les élever lui-même et les revendre, recommander au père de famille de se défaire au plus tôt de son esclave vieux ou maladif, et vendre à ses valets le droit de coucher avec ses servantes; quand on voit un de ses serviteurs affidés se hâter d'échapper par la mort au châtiment terrible qui l'attend, parce que son maître a appris que, malgré sa défense, il a acheté des prisonniers pour les revendre lui-même avec bénéfice (ce qu'en maintes autres circonstances Caton avait permis à d'autres de ses gens, à condition d'avoir sa part du profit [5]), on comprend ce qu'il faut croire de la prétendue douceur des maîtres du temps de Caton, cité lui-même pour sa bonté. Atticus, Cicéron, César n'eussent assurément rien fait de semblable.

Ce qui fait illusion, c'est que, les petits détails des mœurs des derniers siècles nous étant seuls bien connus, les douleurs de l'esclave ne se montrent dans les auteurs que quand les derniers siècles sont arrivés. Quelques faits aussi prennent alors un grand éclat, le cirque et la prostitution par exemple. Mais il faut bien se garder de croire que les courtisanes et les gladiateurs fussent les plus malheureux d'entre les esclaves. L'extrême attachement de beaucoup de gladiateurs pour leurs maîtres, l'usage où étaient beaucoup d'hommes libres de se vendre à condition qu'on ne les emploierait que comme gladiateurs [6], les mesures que l'on fut obligé de prendre pour empêcher des chevaliers et des sénateurs de combattre dans le cirque [7], le grand nombre de femmes de condition libre qui se faisaient courtisanes, sont des faits aussi certains que concluants. Tertullien, d'ailleurs, l'a dit : c'est la pitié qui a inventé les jeux de gladiateurs, en donnant l'idée de faire combattre les hommes que l'on égorgeait autrefois; ce qui dispensait le maître

---

[5] Plut., *Cat.* 8. 15 et 32. — [6] *Auctorati*. Lipsius. — [7] Sueton. *Jul.* 39, *Octav.* 43; Dion Cass. XLIII, 23.

de l'office du bourreau, et sauvait, en outre, beaucoup de combattants.

On n'a aussi qu'à voir, dans les relations de voyages modernes, ce qu'est l'esclavage chez les peuples dont les mœurs se rapprochent le plus de celles de Rome en ses premiers temps, pour comprendre qu'à Rome, comme dans tous les autres pays, la civilisation, en adoucissant les mœurs, dut nécessairement améliorer le sort de ceux dont les mœurs seules réglaient la condition. Sans sortir, d'ailleurs, des faits de l'histoire du monde antique, dans tout le monde Grec, n'était-ce pas à Sparte, tant qu'elle demeura fidèle aux vieilles mœurs, que l'esclavage était le plus dur, le plus abrutissant? N'était-ce pas, au contraire, à Athènes, la ville aux mœurs changeantes, que le sort des esclaves était le plus tolérable?

Des douleurs dont rien aujourd'hui en Europe ne peut donner l'idée, furent attachées jusqu'à la fin à l'institution même de l'esclavage, et le scandale que ces douleurs acquirent de jour en jour, ne contribua pas peu à faire tomber l'institution qui les produisait [8]. Mais le scandale grandit, non parce que les douleurs qu'il dénonçait grandissaient aussi, mais parce que, la fonction de l'esclave obtenant dans la société une importance de jour en jour plus grande, et de jour en jour aussi cessant de lui être exclusivement attribuée, tandis que l'esclave acquérait de plus en plus la conscience de ses droits comme homme, l'homme libre sentit la sienne douter de plus en plus de ses droits comme maître.

Avant la fin de l'ère païenne, tous ces effets du temps se traduisirent, dans le monde des idées, par les discussions des philosophes; dans les lois, par les garanties qui furent données à la vie et à la sécurité personnelle des esclaves; dans les mœurs, par le grand nombre des affranchissements, par l'intimité toujours croissante du maître et du serviteur, enfin par l'importance de plus en plus grande que l'esclave acquit comme homme et comme travailleur utile, productif, intelligent, dévoué, soit dans la famille, soit dans l'état : toutes choses qui ne se produisirent que dans les états les plus civilisés, et dont l'effet nécessaire dut être de contribuer sans cesse à l'amélioration du sort de la classe esclave toute entière.

---

[8] *Necesse est ut veniant scandala; verumtamen væ illi per quem scandalum venit!* Evang. sec. Matthæum, XVIII, 6. Ces mots de l'évangile pourraient servir à éclairer tout un côté de l'histoire humaine.

TABLE DES MATIÈRES.

	PAGE
Avertissement de l'auteur.	3
Considérations préliminaires et plan du discours.	5

Chapitre premier.
De la fonction sociale de l'esclavage dans le monde antique.

I. Généralités.	10
II. Le travail chez les anciens.	13
III. L'agriculture.	24
IV. L'industrie.	27
V. La domesticité.	32
VI. Les services publics.	34

Chapitre II.
Des éléments dont se composait la classe esclave.

I. Rapport des sexes et des âges.	38
II. Rapport des nombres.	41
III. Exemples.	47
IV. Esclaves selon le droit civil.	57
V. La guerre et le brigandage.	64
VI. Le commerce des esclaves.	73

Chapitre III.
De la condition des esclaves.

		PAGE
Préliminaires.		81
I.	1. Les lois.	82
	2. Les droits du maître.	89
II.	1. Les mœurs : les heureux de la servitude.	90
	2. Le pécule.	91
	3. L'affranchissement.	93
III.	1. La foule.	100
	2. La vie matérielle.	ib.
	3. Les jours de fête.	105
	4. Le travail et le produit des esclaves.	106
	5. La discipline.	109
IV.	1. Les derniers rangs.	113
	2. Le cirque.	114
	3. Le lupanar.	116
	4. L'ergastule.	118
V. L'ilotie et l'esclavage chez les barbares.		125
VI. Réaction. Les douleurs de l'hérilité. Les guerres serviles.		152
VII. Les idées.		147

Chapitre IV.
Des origines de l'esclavage antique, et des révolutions qu'il avait déjà subies avant la fin de l'ère païenne.

I. Origine et idée de l'esclavage.		157
II. Ses premiers résultats.		168
III. Opinions émises sur ce sujet.		175
IV. Des révolutions de l'esclavage et des éléments de dissolution qu'il renfermait.		185

ERRATA.

Pag. 41, lig. 5, — *au lieu de* qu'ils — *lisez* qu'elles
Pag. 64, lig. 8, — *au lieu de* de sintérêts — *lisez* des intérêts
Pag. 88, lig. 2, — *au lieu de* airs, par — *lisez* airs par
Pag. 108, note 52, — au lieu de *petiis* — lisez *pretiis*
Pag. 115, lig. 10, — *au lieu de* d'hérilité — *lisez* de l'hérilité
Pag. 205, lig. 7, — *au lieu de* des ses bienfaits — *lisez* de ses bienfaits

www.ingramcontent.com/pod-product-compliance
Lightning Source LLC
Chambersburg PA
CBHW071934160426
43198CB00011B/1391